慶元縣志輯

第六册

【道光】壬辰慶元縣志 二

《慶元縣志輯》編委會 編纂

浙江工商大學出版社
ZHEJIANG GONGSHANG UNIVERSITY PRESS
·杭州·

第六册　分目録

慶元縣志卷之十

知慶元縣事吳綸彰重修

人物志

理學 忠節 名卿 清正 文學

仕績 孝友 篤行 尙義 善良

隱逸 僑寓 方技 閨操

名賢一鄉之典型四國之聞望係焉其間宏材碩彥經緯天地彪炳史冊者實爲氣運所關下此而一行之善一節之奇山僻中亦自有人雖功業未著於旂常芳聲早傳於閭里事有足法名宜紀載覽者幸勿

謂古今人竟殊不相及也志人物

理學

按宋史創道學傳前此未有也邑中宗洙泗紹洛閩者得二人特先表之欲其別於各傳云爾

宋

吳庸少穎慧博涉經史常鄙章句學以道統爲任登熙寧丙辰進士賜名伯舉初任江州右司理累遷中書舍人知制誥龍圖閣侍制學士贈少師著作甚富有明性集發微正論爲士林宗鏡

王應麟字伯厚父撝嘉定癸未進士徽州知府弟應鳳
中宏詞科以兄爲師有經濟才公秉性剛正有古大
臣風登嘉定戊辰進士開慶間充讀卷官至第七卷
頓首曰是卷古誼若龜鑑忠肝如鐵石臣敢以得人
賀遂擢第一乃文天祥也尋轉給事中忤旨遂挂冠
歸設帳講學執經雲集著玉海集四書論語攷異困
學紀聞小學紺珠深寧集王尚書遺稿及三字經地
理考等書行世後學得其指歸祀鄉賢
忠節

精忠亮節世難多見茲無論在朝在野苟其佐治扶危英靈不朽百代瞻仰者悉爲傳之俾頑廉懦立有所興起焉

宋

吳競字寅仲弱冠登政和壬辰進士宰會昌建炎丁未潰兵楊勍自浙東入境殺二尉民遭殺掠官兵莫制競挺身直抵賊營諭以忠義賊以刃挾之競厲聲曰吾頸可斷吾身不屈賊感悟即以所掠子女遺競給還民間隨聽招撫宣諭使劉大中奏競忠勇擢處州

府判民感其德祀鄉賢

吳樞字時發幼穎奇無嬰兒態長登政和壬辰進士亮直忠勇以節概自許靖康初募有能使金者樞毅然請往至金惟長揖不拜正色厲辭金人燒鼎欲烹之樞愈不屈金人壯之遣還適巨寇葉儂作亂樞往招撫儂聞樞名解甲納降至今頌不替祀鄉賢裔孫榮宗奉祀

元

葉國英至正間爲義兵萬戶與子德善相繼克復溫州收青田山寇夏清四以功授處州千戶

姚彦安元末爲義兵千戶處州守鎮賀元師占據城池彦安領鄉兵同大兵攻破之陞處州守禦萬戶洪武元年起集山寨頭目授平陽左衛副千戶五年從征没于陣蔭其子桂授千戶

明

吳南明字君治崇正間任湖廣黄岡丞時流賊數十萬所過郡縣缺令人勸之去明曰吾職雖卑忠義則一遂率兵民固守月餘粮盡城陷被執不屈賊怒割其鼻并兩耳愈不屈截其左手血悶死地賊退半日復

甦歸家二年卒入忠義祠孫國𣅀奉祀

國朝

吳詔功康熙十三年耿逆作亂兵陷慶元從吳陳仁起義兵殉難死後優恤其家廕子顯宗授千總裔孫豫乾隆六十年奉

廕襲

吳壽男康熙十四年耿逆背叛兵陷城從吳陳仁起義兵死于難優恤其家子嬰提廕授千總乾隆六十年裔孫吳何廩廕襲嘉慶八年嗣孫吳履祥奉

詔蔭襲二十五年祥子吳廷標授襲現任嚴州千戶

名鄉

名者實之賓鄉而曰名其發越有盛焉者矣後之留心致澤者尚其行義達道毋讓美乎前賢

宋

陳嘉猷字獻可生三日即能言家鈇炊猷指叔處假之歸以告叔叔以爲誑往視果語叔曰叔假我米異日以俸倍償猷大奇之爲兒戲時置櫈几上坐之見叔至跳而下叔曰三跳跳落地猷應聲曰一飛飛上天

其頴悟多類是數歲日誦千言登紹興神童科累官至禮部尚書公忠耿介有經濟大畧朝紳重之（裔孫悉勤奉祀）

胡紘少警悟篤學家貧無置書錢有販者求售讀徧還之卽不忘由教官科宰邑有聲擢監察御史累遷至吏部侍郎出爲廣東經畧使所至有能聲

吳淇嘉定甲戌進士累官戶部侍郎時相欲以淇兼監察御史淇謂臺諫出宰相薦非盛朝事卽謁告出知南劒州

明

吳琄端直果毅器度閎達擢山東監察御史勵清操肅風紀聲著臺端

國朝

姚粱字佃芝後田人少聰穎過目成誦未弱冠即遊庠由己卯優貢中順天乙酉經魁登己丑進士擢內閣中書禮部主事刑部員外郎廣西陝西主考山東學政饒州知府川東兵備道江西廣西按察司河間府知府清廉耿介毫不苟取任饒州時民立生祠祀之所至俱有政績子崇恩現任甘肅縣丞

清正

人性皆同而沉潛高明何待於克治之不濁擢

之益堅者世有幾人哉明乎分定之說而後士

之不染一塵不紊一見者乃辨而區別焉噫亦

難矣

吳昇熙寧癸丑進士教授夾州學士翁彥深知其名謂

之曰以先生學問操行今稱上流縱不大用宜居太

學之選以範多士奚為遠處湘湖哉昇笑曰吾道其

事干求耶他日出一書示彥深曰吾欲以此書干丞

相范公也深怪其前後語不相符及私啟其書則以大義責范公不能用正才以興起太平徒取法度紛更之語其清操如此

吳懿德字夏卿嘉泰二年進士英州教授知玉山縣改知新會縣時邑民狃於訟瀕海多盗縣不能制懿德至實心撫字民感盗靖邑例新令至有給由錢受訴諜者有酧息錢一切罷去仕族之流寓與惸獨顛連者春貸以錢粟夏多瘴厲和藥以施之廉介有聲進廣州通判未任而卒卒前一日書於册曰平生薄宦

身受凍餓一念不欺一介不取嘗祀晉刺史吳隱之於縣東邑人以其廉介無媿遂合享焉詳見新會縣志

明

吳仲信幼穎異淹貫經史永樂辛卯科鄉薦授泉州府判治聲大著及歸行李蕭然有鬱林載石之風

吳烋少勵清操亮直有風由歲薦授刑部主事以年老告休居鄉端厚著望後學宗之

吳潔字源潔簡重雅博宏治乙卯領北京鄉薦授常德節推通判吉安府咸有治績少在諸生中遇遷學出

稟助之時有鄉人齎金輸稅過詠歸橋遺金於水其
人欲赴河死潭力阻之携之同歸揭債以贈失金者
得不死論者謂其今人古心嘗有心病形甚癯忽途
遇一叟授以二丸旋失所在始知爲神潭服之愈仕
常德時同中貴監造藩王府餘金千數欲共隱潭不
從隨白於部其清介如此
吳倖字介卿性厚行端好讀書有大畧陞廣東瓊州府
撫黎通判黎尙叛服不常倖爲之興學校教婚喪禮
及壓而館航法黎感悅歸版者三百餘峒瓊產甚富

尙苞苴俸且暮祝天不敢一錢自欺民歌曰人道我公清似水我道公清水不如時洗兵叛當道束手俸曰此國慮也毅然請往平之解組後民懷其德猶鄰寄國慮無雙詩歌於其家詳見黎岐經始傳

文學

文章者道德之餘今自仕宦七品以上有以著作重者亦同編列傳其窮而在下文可華國學可章身並載其書名卷牒工制義者亦間附焉

宋

吳轂天聖甲子進士性格簡重操守清正仕至大理寺
評事以文章名世時人稱其補天有手摸月多才
吳轂景祐甲戌進士授濠州知府其才名與兄轂齊稱
詩文行世雖殘縑剩幅一字一金時人以二難稱之
劉知新字元鼎少穎敏淹貫經史遊太學有聲大觀初
廷試第一、知綿州政尚慈祥所著詩文多士奉爲軌
範蔡翛翊日讀元鼎文如拾璧藍田觸手盡難捐之寶
爲時所重如此
吳彥中字聖時幼篤學日誦千言父祖爲長興宰卒於

官申廬墓三年登政和壬辰進士人稱其學綜百氏
文成一家詳見其甥李綱所撰墓誌文
吳巳之性敏慧倜儻宏博凡詩文詞賦咄嗟而辦登寶
慶丙戌進士授杭州知府治理優裕每登吳山天笠
諸勝吟咏竟日風流不減樂天
吳松龍讀書多創觧下筆自成韻語登寶祐丙辰文天
祥榜進士授松溪縣尉雖居下職文章價重臺閣
明
姚琪敏警卓絶名流共推明初人文寥落琪獨鋭志儒

業遂以文章驚人登永樂乙酉科文風爲其首振

鮑畢少卽希古及長朗達有儁才永樂甲午鄉薦乙未第進士授禮部儀制司主事所著詩文標的當時

趙樞登永樂庚子科授四川雅州學正工於詩體格獨宗漢魏

吳仲賢居深山矯矯拔俗博該墳典善屬文詞敷而理暢庚子科與趙樞同榜才名並擅當時

葉祥永樂甲午科鄉薦學問淵博文詞典贍嘗講學石龍山下名士多出其門

吳譽頴識通達體器宏簡父源領癸卯鄉薦譽讀父書力銳思沉遂以儒雅名登成化辛卯科才華爛若披錦士林共法

吳述字景明八歲牧牛過里人陳龍峯先生講學處竊聽心喜遂向求學陳難之適有負木者至陳試以對云舉大木述應聲曰折高枝陳奇之遂授以學才思俊拔善校練文義由歲薦授無錫丞陞廬州衛經歷多政聲狀元孫經臯贈以詩有佐政能齊卓摛文欲並藕之句所著有東軒集四卷存存集六卷

吴行可字蓋卿品正行篤博涉典墳旁通秘旨下筆都成妙義不比尋章摘句時稱博學君子歲選福建建陽教諭尋赴任越日而卒所著有經史滙參待刊行世督學鄭以熙朝額俊表之

姚文焆字鳳竹童牙稱奇稍長高視遜聽居百丈山揣摩舉子業三歷寒暑每臨文如萬斛珠泉滔滔不竭萬歷壬午領北直鄉薦累官順慶府同知所著北遊草文章正軌二集

國朝

李虹字其人好讀書至老不倦邑令程公聘修前志所著有四書本義周易傳義纂唐詩類選古文類選四六類林古文摘金等書太史張石虹爲之序因貧不能梓行督學使劉公以行潔文正表之

吳運光字暉吉博學多才善古風行文滔滔汩汩有韓湖蘇海之觀康熙丁未設帳於日涉書院當湖陸子清獻客遊濟川敘論相得遂撤臯比而受學焉壬子秋以額溢中副車邑令程公聘修縣志匝月告成乙卯授建陽教諭轉政和縣丞子鏐鎬俱丁卯拔貢

季玗號璞莽讀書過目成誦教授生徒先論品質次取文藝嘗自謂貧士無德可見能竭情造就即見德處也以歲選授蘭溪訓導舉課商評日久不輟解任後蘭庠士子感其訓誨之勤猶致書思慕云

余勳字扆佐初結文社於石龍山寺邑侯李裒繡親自督課屢拔前茅侯去後讀書於萬松菴吟風弄月積成卷帖惜未梓行

吳爔初拊國學後恥不受折節讀書鋭意進取既而食餼登歲選康熙丁酉入緗闈因制額限同考官李飛

鯤深爲惋惜

姚大霦字惟能品詣端方器宇高爽好讀書善屬文屢試不第二子七孫並擅才名由歲選任壽昌訓導簪纓之盛爲邑稱首後以孫梁貴贈奉政大夫按察使司按察使

周之冕字雅先姿性頴慧廣記博聞鄒公初建書院首延掌教蔣公黄公繼之俱加禮焉行文如輕車就熟常謂人曰吾文無他奇聊收藥籠一用耳出其門者皆知名士所著有省愚集藏於家卒後督學于公召

其子廩生世俊出所書經術遺芬四字贈之

吳得訓字濟三號質亭博極羣書意氣豪邁以拔貢考授同知與青田韓錫祚相友善凡所歷山川風物皆有撰述居家搆別業于鏡水園延師訓子弟里人咸取則焉

季鍾儁號習齋玗之次子也性沉静不妄言笑專志經史及百家聲韻之學督學王公蘭生評其文曰細心審理浩氣行文故非常透闢且令千人坐廢以歲選授寧海縣訓導誠敬爲人多方訓士卒於任所閩庠

賻之歸

吳機字上錦西隅人新寧知州吳鳳翔曾孫也博聞廣見穎悟絕倫弱冠飆於庠督學彭公啟豐稱其書卷之氣堪入大家堂奧惜乎享壽不永

姚長淳字敦龐號檀園邑廩生雄才高致磊落嶔奇所著詩文受知於督學錢公退授生徒名震一時當貢之年賫志以没人咸惜之

姚燕字國珍好學嗜古所製詩文積成卷軸而謙厚和平尤無自滿之色士林以此多焉

吳元棟字廈峰性沉靜寡言笑不事繁華博涉經史究

心制藝試必冠軍邑令闕延修志乘取裁精當宿學

老成共推一邑之望子敬甲敬丁俱遊庠餘詳後傳

季炳九都黄壇人嘉慶己未由廩貢選授衢州西安訓

導訓課精勤士心悅服其所造就多一時知名士蒞

任十餘年教澤深長治行超卓且詩禮垂訓堪爲士

林模楷子應坊應塏俱歲貢生

余鈞號中峯郡貢生候選訓導素行端方通經史辛酉

協修邑志校正甚多教授生徒亦多拔萃之選

周原字緯九邑貢生性厚行端專志經史學問淵博教
授生徒多闡發經義邑令譚以詩文相質常友事之
余塏字爽庭后田人貢生余鎔之子少穎異篤志力學
克自振拔未冠遊庠食餼試輒優等棘闈屢薦不售
壬戌歲貢壬辰春選授會稽訓導惜未及赴任先卒
吳登瀛號仙洲邑貢生秉性毅直博通典雅日事詩文
至老尤勤且居家孝友遇地方義舉孳孳不倦所著
有羣書精華經餘滙參等書惜未梓行問世子侗遊
庠食餼佶亦有聲黌序

吳球字碧峰上管人邑廩生禔躬敦飭好學沉潛屢試
優等遠近從學者甚衆未及貢先卒士林惜之
季照號玉山秉性篤重博極羣書造就生徒循循善誘
如坐春風中甲申歲貢不及選教先卒子垣早歲食
餼文行亦能克肖
田嘉瀚竹口人邑廩生性嗜學工書法講求經籍留心
制藝在省城敷文紫陽兩書院肄業課輒優等秋闈
屢薦惜賫志以没今子煌和亦同時入庠
吳爲霖字甘泉邑廩生底墅人性洒落工書法邑中美

舉每樂賛勸訓導俞以文行真優嘉之惜正當歲選
先期而卒子熙廪生亦善書
王成績字紀常東隅人邑廪生器宇英特甫成童試輒
冠軍遊庠後行止恂恂益留心經史每多闡發精義
沈學師評閱書院課卷决爲遠到之材惜攻苦遘疾
不克赴闈而卒傳見藝文志

仕績

凡有善必書况登仕籍著繖猷顧可没而不彰
乎甘棠去後之思尚留歌咏桑梓仕績尤宜詳

載

宋

吳桓熙寧庚戌進士宰長興清愼勤恪政以慈和爲先民歌曰召父杜母知何在今日復見長興宰壽卒於官民皆巷哭楊龜山先生有傳

吳椅嘉熙戊戌進士授韶州知州治尚寛簡民有抑不伸者雖三尺童子皆得訴自久之訟息

明

胡俸少負大志從父遊遊入廣西儀衛司籍登嘉靖巳

丑進士授行人應對莊雅朝野著望

吳字風韻標徹淵通有識由恩貢授同安縣丞陞將樂

知縣居官英敏宏達境內大治

周輅自舞象時卽名喧鄉邑及長英拔名流以明經授

河南鈞州同知敬愼廉明凡有疑獄不决者片言可

折吏民咸頌其神

吳慶會字泰遇少穎異十六廩於庠十九應萬歷丁酉

選貢英資濬發筆力遒勁入北雍爲名流所推三試

北闈不第謁選授廣西平南令再補湖廣漢陽英明

果斷有政聲以允體左遷藩理歸所著有四書義及岩居詩稿藏於家

李時芳少遊于常山進士詹承祉先生之門天啟七年恩選任太康主簿與邑令許無奇詩文相得凡興利除害勦寇運糧諸巨務悉公籌畫無不曲當咸宜士民爲立德碑撫院樊廉其才可大用題陞岳州衛經歷以母老乞歸致仕

樊春字子仁秉性孝友多幹濟才幼從叔學叔故遺孤撫育娶配雖堂弟無異嫡親及初派新興有山民積

逋以情感之卽刻輸納無欠繼令吳川有海寇肆掠
以理諭之卽時解散地方以寧陞高州府判以母老
陳情懇乞終養致仕
吳希點字樂真練達勤敏由歲選餘杭教諭陞福建連
城知縣政簡刑清再任廣東惠來知縣凡有疑獄判
斷如神邑民咸服後卒任所合邑賻之歸里
國朝
吳鳳翔字鳴陽謹訥寬和與物無競由恩貢授廣西新
寧知州俗稱難治翔下車不事刑威崇尚德化翕然

大治以親樞未暦力乞終養
吳逢昌字起明由恩貢授廣東歸善知縣常俸外不漁
民一錢頌聲載道歸家日橐垂如洗寒暑無資黨族
莫不憫其甚而高其節
吳王眷字天玉風度雋朗敏給多才由歲薦任樂清司
坐氊雖冷文䰟愈强課士之餘流覽雁宕龍湫諸勝
其起奇曠逸之致悉達於詩告休日多士揮涕以送
家有園日日涉㫖集故舊作文酒遊郡守張公懷德
慕其名特以大賓席召之嘗溯陸清獻隴其題其像

目神清若鏡目慧多采濯秀霛峯問奇學海筆掃千
軍玉積萬倍射策金門敷教潮滙雁宕龍湫時供遊
旃錦囊詩筒膂城墨壘韻高一時流芳千載欲瞻典
型於斯乎在爲名儒所稱羨如此

姚大齡字延之仕南直常州府靖江縣丞廉明正直愛
民如子致仕歸士民爭道餞之如失慈母焉

姚家棟字吉甫初任江西廣信府貴溪縣丞委署縣事
復任廣東南雄府保昌縣丞歷有政績致仕歸凡祖
宗墳塋均獨力結砌豎立墳碑至今永垂不朽宗族

以此多頌其功焉

葉上選號蒼峯初讀書於六如禪堂得高賢指授刻若勵志博通經籍所製詩歌深得三百遺意由興人任會稽教諭加意作人一以蕺湖爲範登其門者有光風霽月之想著有閩遊詩草傳于世後卒任所官橐蕭然合庠賻之以歸

吳陳仁康熙十四年耿逆兵陷城倡起義兵力圖恢復後以復城功授福建延平副將

吳握瑜郎吳陳仁之翁康熙十四年耿逆兵陷城仁從

瑜計倡起義兵力謀恢復後以復城功授汀州守備

孝友

周禮六行孝友爲先天地之經民之則也登仕籍爲顯官其孝友間有互見至如蔀屋窮簷有天性惇篤專以孝友著者列之斯篇以昭民行

明

楊泮字肇卿九都人幼喪父甫冠入庠事母竭力母病焚香祝天請以身代仍刲股療之母没哀慟數日不食厝二親墳土皆躬負廬墓三年母素畏雷每遇風

兩往墳哀哭祀忠孝

藥儼字若思西隅人事親至孝父疾藥必躬進親沒家遭火賊競取財物儼獨跪柩側哀號遇人泣曰財物任取幸爲我救存二柩衆憫之齊救獲存其子文彬文溥皆明經祀忠孝裔孫邦侍奉祀

吳相字汝弼西隅人節母邱氏遺腹生相甫長克盡子道母故相年七十躬詣司府陳其事詳表其閭祀忠孝

季叔明字亚吾好學多才由明經任無錫縣丞以母吳

嘗衣不解帶籲天割股以愈親病而且心存濟物人

有急難求無不周終年九十餘子孫已五代矣

吳之英國學生事母周氏年登九旬英竭力奉養孺慕

不改母病請以身代及卒身不履閾外食必倚柩側

三年持素其行如此學師白諸院憲馮以孝友可風

旌其門

吳來聘字伊園邑庠生秉性剛直不倚聲勢母死未埜

守柩侍食三年足不履閾孺慕號泣行路感傷蓋其

孝思純篤至性使然壽至耄耋終後人亦多入庠

篤行

士能篤志勵行矯矯自好始終不改其節亟表之以振世善俗其庶幾乎

明

吳文狷介有守授上海丞以節愛稱致政歸里有不給者輙周之壽七十終

吳節純謹雅重鄉閭共範授新建丞月餘告致逍遥林泉人咸服其清高

吳贇字良弼朴簡端嚴孝友丕著宰連城清介自矢歷

官三載一錢不取謝政歸結廬龍山下二十年無私謁論者多之

吳伯齡字子仁性敏好學動必以禮正德間市失火齡拾得金髻詣朝訪還其人通判汀州有政聲及歸行已端潔爲一邑表望

吳禋純恪寡言和而有介佐宿州二年卽謝政養親以孝聞宗族有貧者周之家居三紀不干有司爲鄉評所重

國朝

余浤字敷源歲貢生品詣端方事繼母以孝聞平居無疾言遽色宏奬風流技若已有人有不及者以情恕之矜慎自持始終一節邑令鄧觀重其人卒之日爲文悼之且親奠焉其子鎮淵源家學乾隆間脩理文廟以見義忘勞稱次子鎔學問淵邃耿介不阿亦膺歲選

姚居厚字粹然歲貢生氣節傲兀不樂趨附終日危坐無惰容喜誦周易至老不倦邑令羅岳珪爾以優行舉薦壬午秋奉部文截取將選而卒

季學康郡庠生居家孝友不妄言笑好善樂施邑建角
門橋脩整　文廟皆首出重資事兼總理分毫確當
邑令羅聘賓㣲年七十撿各佃欠券燬之人稱長者
王廷聘字尹再邑增生學通經史詞尙體要性格端嚴
勤於事親厚於鄰族實爲儒林領袖康熙四十九年邑
令李容之以文優行篤表之
姚太岳郡廩生秉性端直有古儒風教授生徒至耄不
倦一時名諸生多出其門下子必選中年雄於貲能
以色養岳歿後捐已田四十把入報德堂備中元薦

親之需孫洙涵並貢生

田登邑庠生爲人循謹不事紛華鄰里貧乏者無不周

恤且尊師重道義方訓子子聯潤明經紹志

姚又輝邑庠生謹愼持已不事干謁友愛弟姪人無閒

言且佐修　文廟城隍廟兩浹寒暑勤力惓勞教諭

丁棻以定力長才奬之

葉世美二都人性純樸兄弟友愛出繼伯嗣所承嗣產

不敢私諸已鄉人義之年二十九歲妻殁誓不再娶

嘉慶二年子光岳白其事於院憲以持義可風表之

吳來成字景韶城內人郡庠生醇厚溫恭孝友慈愛家無間言且煢煢恤佃辭產立嗣其行誼卓然可表傳見藝文

王國楨字文學東隅人邑增生性端凝豪邁毅直不爲威惕利疚凡里中利獘抗言不避詘害之除與有力焉閭里咸高其義子秉坤元衡暨二孫謨勳俱遊庠

姚鵬邑庠生東隅人孝友慈愛篤實率真教諭程以孝友可風獎之疾將危囑其子孫曰予提白金千兩里有義舉汝曹見即勇爲子庠生樹嵩增生樹時捐社

義穀壹百石孫貢生修又遵囑倡建宗祠纂修族譜
助貲修造文廟城隍廟文昌宫育嬰堂暨橋亭道路
可謂象賢繩武邑令黄給以克紹箕裘匾額
姚涵字國柱邑貢生后田人小心謹慎慷慨周急長兄
洙物故侄芝旋亡撫孤承恩延師訓讀代理家務絲
毫不苟且修理　文廟不惜餘囊首先倡捐兼董其
事知縣鳴暨朱王兩學師贈以秉公倡善匾額
吴來雝字頴元城内人郡庠生持己矜嚴接物平恕和
睦鄉里善解人紛且喜倡修亭路足跡不入公庭惟

專庭訓子孫並入膠庠邑令李以推惠睦隣獎之
姚炳邑庠生東陽人性倜儻識大義親殁篤愛弟妹無
閒伯弟嶶謝世撫孤成立讓產與之其天性純篤無
愧古人儒行今四子俱遊庠三樹楦食餼
吳飛雲字從峰邑增生性直量洪不樂仕進遇隣族有
力乏者以時周恤乾隆壬辰興修　文廟量力捐資
董理不懈北門橋傾人多病涉力爲倡修以濟行旅
年臻古稀讀書不倦教子成立詳見後文
姚駒增廣生東陽人持身謹嚴秉性和易佐修　文廟

邑令鳴予以功掇膠庠匾額繼修城隍文昌諸廟及捐造育嬰堂董理其事奉文置社義倉捐入穀伍拾石可謂急公好義長子鈞培乙酉拔貢國子監肄業次樹均增廣生

吳一桂邑貢生弟一玉邑增生俱飛雲子養親以色處兄弟以和佐修　文廟不辭勞瘁知縣鳴暨朱王兩學師贈一桂以贊善成美贈一玉以力捍宮墻匾額並獎以誌競爽

沈旺璣上沈人寄居浦邑善居家兄弟共爨家繁七十

餘口耕讀各安其業且置家塾延名師課子成立今
其子薦食餼孫之涵之瀾相繼入庠壽踰八旬浦令
陳璉以齒尊德優美之
張德配字宜福郡增生孝親睦族言行不苟佐修　文
廟城隍廟及倡建閣門嶺橋等工學師丁以有恒不
苟贈之
葉之茂字松濤邑貢生東隅人渾厚和平言笑不苟佐
修　文廟文昌宫及董理育嬰堂矢慎矢勤與弟之
苞先後食餼一時競爽今子榮菼克守庭訓亦有聲

庠序

姚瀛字卽登後田人性豪邁少遵父訓試卽遊庠凡宗族鄉鄰有事無不善爲調解佐修文廟督工善爲經理至今人猶稱其爽直

吳應凝邑庠生上官人事親克孝每逢雨雪暴作奔墓號泣人稱純孝且誼切枌榆平時建橋修路荒年平糶接濟毫無德色遠近嘉之壽踰八十終

吳應壽上官人清潔自愛厚親族睦鄉黨凡里中修道路建橋梁無不首倡樂成人咸稱其樂善不倦

尙義

博施濟衆聖猶難之而一鄕一邑災祲時有不能無藉於補苴或輸粟或捐資隨其大小皆稱義舉策其名標其行當亦有聞風而繼起者乎

明

葉仲儀西隅人正統庚申大饑儀詣闕輸粟一千五百石助賑表旌義民戊辰又饑儀仍輸粟五百石表賜冠帶授七品散官賜宴大宮殿後建學偕弟仲玉姪汝寬助金三百兩祀忠義裔孫芝茹奉祀

吳彥恭六都芸洲人正統庚申同葉仲儀各輸粟一千
五百石表旌義民祀忠義
周公泰周墩人成化戊戌大祲納粟一千石賑饑有司
詳其事表旌其門祀忠義
吳克禮西隅人朴素自持正德時上粟例授冠帶捐金
二百兩磚砌縣道縣令陳澤旌其門曰尙義祀忠義
葉荷東隅人秉性渾厚尙義好施九都竹口街衢崩毀
獨捐貲磚砌往來頌之祀忠義
吳叔寅慷慨樂施市失火拾得釵環次日訪還失主藍

歷二一年饑田租悉蠲不取祀忠義
吳沛公直好義時鹽商賸價害民沛毅然愬於省憲二
歷寒暑勞苦弗恤多捐己橐及蒙院司批准包引納
課鹽害始除祀忠義
吳道揆字汝濟下晉人天性孝友尚義輕財嘉靖二十
五年造城奉文變賣慈照慈相伏虎三寺田充費揆
納價四百餘兩田歸三寺萬歷元年捨田三十六畝
入學道府旌其義一切賑饑濟貧建橋修路口碑載
道子儒俸伸皆居官有聞祀忠義三寺僧衆感恩每歲三元脩齋薦之

王繼滔字東源秉性慷慨通曉大義萬曆三十六年捐
入上潦田大租肆拾石以俻修葺學宫之費其子錫
俸官仙居訓導誠敬感人訓士有方一時士林宗仰
亦積善餘慶之應

國朝

余槐字德三少好讀書工文藝屢受知於督學諸公爲
明經領袖鄒令募建書院即出白金五十兩爲諸生
倡兼董其事遇歲饑煮粥賑濟活者甚衆子漳天性
孝友疏財仗義與兄湛同爲知名士父歿後兄繼卒

撫二弟成立俱登庠乾隆甲辰奉文截取未任卒
吳宗賢字繼孟邑增生厚重簡默慷慨慕義獨修西門
外路二十餘丈佐修　文廟首先捐資縣令唐若瀛
贈以品重璠璵乾隆四十七年城市絕糴往松買米
平糶縣令王恒贈以倡義惠人各有匾額子銑有慶
俱遊庠
吳昌興國學生后田人見義勇爲修宗祠造春亭凡橋
亭道路或獨力建造或捐入粮田計需資叁千餘兩
知縣具詳各　憲已奉

旌表建坊道光二十一年建育嬰堂又捐田拾畝紋銀壹百兩
知縣樂詳請　督憲帥給予情殷懷幼匾額今其子
體人多行善舉亦能克承父志
姚鸞字和聲邑增廣生時年九十歲城東上倉人尚義
踈財嘉慶乙丑建節孝祠費金捌百捌拾兩邑侯劉
種桃教諭吳江有記丁卯修濟川門外路費金貳百
貳拾兩已巳邑侯吳沆卒於官署廉橐無餘賻貲叁
百兩運柩回籍壬申建番塽積善亭并築亭前通濟
橋並砌該道路共費金貳百肆拾兩道光甲申郡城

建試院獨輸洋銀叁百員乙酉捐置社義倉穀倡輸
肆百碩丙戌修郡學獨輸洋銀玖拾員是年又命三
孫園砌甃磨手嶺上建世美亭造大士閣捨茶田捌
拾把通費金壹千捌百餘兩縣令黃煥有記至叔宗
祠修族譜建嬰堂造渡船累費柒百叁拾金舉凡掩
骼骨修寺廟無不樂施丁亥紳耆舉報有司詳其事
各憲核看具題吏部議奏奉
旨依議欽予州判職銜知縣吳綸彰贈以
熙朝嘉善匾額庚寅復出貲叁拾兩助育嬰堂經費辛卯

江南水荒奉文捐解賑饑倡輸洋銀拾員本歲郡城修通濟浮橋又獨輸錢肆拾千文府憲劉榮玠以樂善不倦嘉之附載藩憲覺羅興善看語

品端行潔志善心慈本立道生不吝輯譜建祠之費安人修己何惜築橋濟渡之資獨輸贊序之工以昭景仰慨造同機之助用報花封憐峻嶺之崎嶇平除恐後闡幽光之潛德建祠爲先廟貌聿新囊無不解康衢平坦金所必捐藝林傳仗義之名嬰院感推仁之德千箱米穀歸諸公社之倉五畝耕田盡作烹茶

之舉八十五齡之樂善耄耋彌勤四千七百之好施輸將有益

葉邦馨國學生東隅人賦性淳良持躬克儉里有艱於婚葬者求之無不樂助且若修道建亭捨地建社義倉暨獨造打鼓嶺觀音堂美不勝舉尤可嘉者每遇歲歉首倡減價平糶邑令黃以尚義可風獎之

吳義校二都人秉性溫厚子先登國學生樂善好義嬰堂社穀量力捐輸邑令樂以仁徵慈愛黃以見義必爲疊予匾額嘉奬

周增松一都人樂善好義獨修濛淤嶺二十餘丈其孫
丞福國學生復建濛淤亭並捨土名灘𡒄田租四十
把丞爲此亭茶火之需邑令樂以惻隱爲心黃以好
義裕後叠予奬勵

善民

醇謹渾厚本於天性其人皆可以鎮頹風而砭
末俗今擇其事之可傳者概列於此以寓激勸
微意

明

吴溥少業儒以古道自期有族侄逋粮受刑溥以白金一百五十兩予之侄廢業以償溥不受年七十親友有爲壽者溥曰吾少不顯揚老無樹德安敢言壽醇朴謙厚其性然也捨田四十畝入勝因寺寺僧如怡共薦焉

吴埍以孝友聞不爲利疚堂叔怡之嗣諸猶子爭立惟埍應承嬸姚氏亦欲子之埍曰古人遜國豈異人事堅遜不嗣姚氏分金三百併不受

季廷瑞字子祥西隅人資性明敏涉獵經史事母敬養備至孝友感人里族皆爲之化

國朝

吳世哲字兆明介賓少失怙事母以孝性厭羶逐未嘗

因利一字取憎戚朋和宗睦族有古儒風耿賊陷城

掠取財寶合邑驚惶逃竄哲自據案讀書絃誦之聲

達於戶外賊聞之相戒勿入族賴以安賊平後邑令

梁允桓首舉賓筵時論榮之

余世球好善樂施周恤隣里曾獨力重修詠歸橋至各

道路凡有建修不惜重資康熙二十六年邑令梁聘

請賓筵予勳明經紹志

葉作遴北門人賦性忠厚志存周急雍正三年北門火
災遴亦被患族隣有遭難者先給米穀并出白金按
戶分散後遷居東門閭里感其醇厚咸稱長者邑令
鄒儒訪聞贈以忠厚傳家匾額
吳邦勳郡庠生好義輕財橋亭道路多所倡修乾隆四
十九年歲饑鄉民乏食勳貸百餘金往龍浦買穀以
濟人佩其德嘉慶元年
覃恩賜八品頂帶
劉春華家貧好善至老不倦倡修裊橋及角門橋至今

來往人咸感之

吳兆桂篤性友愛多樂義舉倡修梧桐嶺並建甘霖堂復捐租五十把爲茶火需往來稱羨邑令熊贈以光前裕後匾額子星海亦以孝義聞舉賓筵

李上機黄壇人庠生好施予嘗捐田入神農社並竹溪文昌閣寨後嶺頭亭等處乾隆乙酉夏里族被火機戶給粟一斛所濟甚衆明年松溪李源村火濟給災戶亦如之

田聯滔竹口人監生爲人樂善好施嘗施棺板有死無

所歸者愛其惠乾隆十七年邑令鄧觀以惰深濟物

表之

葉德賜擡湖人賦性誠實志存周卹遇年饑儉以自奉

煮粥濟人鄉里德之

吳元瀚邑耆民淳謹温厚足不履公庭身不隨凡俗時

嗣母早故生母猶存視膳不諉伯仲且樂善好施惠

周行旅四代同堂壽踰八袠邑令李贈以齒德偕尊

季學勤號樂亭邑庠生資性頴敏植品端方辛酉協修

邑志校正多出其手壯歲喪偶義不再娶士林嘉之

葉邦達東隅人敦厚篤實耿介自矢處家庭分多潤寡交親隣損己利人訓子成立長子之茂貢生次之苞亦食餼學師葛以耆英著盛嘉之

周瀚才邑貢生四都人樸素簡默持己端方且詩禮埀訓四子俱入庠序章胡兩學師以畬經世德贈之

姚匡宇國俊國學生后田人惇謹渾厚樂善好義嘉慶五年獨建喜鵲坳嶺亭一座便人休息又念茶火無資亭側復造房屋一棟爲管亭人安寓並捨入田租六十把爲茶火需行旅往來人多利賴

練學廷國學生后田人居家孝友慷慨公平處已待人謙恭可挹邑令黃薦舉介賓贈以齒德兼隆匾額

蔡朝璠字仲官十一都朱塢人居心正直處世敬和治家嚴肅無苟然諾不妄言笑嘉慶乙亥邑令譚暨鄭王兩學師薦舉賓筵子遇龍孫言入國學聲亦列庠

楊茂贊西溪人壯歲喪偶囊有長物義不再娶壽臻耄耋目見四代且獨建村橋往來人無病涉鄉里德之

邵文元姚村人行端性樸樂善不倦里中橋路無不傾囊修葺且義方有訓子安仁入國學友仁體仁俱入

庠序邑令樂以品重南金黄以望重鄉評疊予嘉奬
吳先經字及文上眘人邑貢生篤嗜詩書樂善好義道
光辛巳邑令樂首舉賓筵贈以齒德文望匾額黄贈
以深明經術疊予嘉奬
吳先飛字及羽邑庠生上眘人秉性渾厚喜施與不趨
勢利足跡從未履公庭淳風古處一鄉稱善
吳元榮上眘人温恭和厚持躬謹慎奉養雙親怡顔悦
色誼篤婣睦推信立誠鄉里奉爲表式
吳起元后田人性慷慨處事勤謹持己待人悉歸謙恭

凡有義舉罔不樂爲他如倡修楹坳嶺鑿石七百餘丈經理城隍廟不辭勞瘁城鄉善之

張明裕黄沙人忠信待人義方訓子且助資嬰堂社穀捐修橋路郵亭無不樂成邑令樂以圭璋品望奬之

劉璩字温庭五都人郡庠生賦性渾厚處事公平且情殷義舉倡修橋亭道路無不傾囊相助學師沈以儒林模範贈之

隱逸

管幼安浮海入遼陳希夷高卧華山皆遯世無

悶者也慶邑隱逸無多見前志僅載一人今搜遺編又得二人以彼塵視軒冕銖視金玉無愧古人終南之譏北山之嘲吾知免矣

宋

眞山民不傳名字亦不知何許人也但自呼山民僦居慶之松源鄉或云名桂芳宋末進士李生喬嘆以爲不愧乃祖文忠西山以是知其姓眞矣痛值亂亡深自湮沒世無得而稱焉惟所至好題咏因流傳人間然皆探幽賞勝之作未嘗有江湖酬應語張伯子謂

宋末一陶元亮非過論也

元

姚欒字君衛號雲樵竹溪人幼敏睿長通經術詞賦尚書陳塏器之妻以女恩授承嘉簿不就賓興於京會賈專擅率太學生伏闕極論不報遂退歸鄉里元史宣慰來慶元請見說以仁則得衆勿放火縱兵史從之衆賴以安史奏授慶元簿慨然曰本爲桑梓出願博官乎辭不受歸訂諸子作論孟直筆及范翰林奉旨訪求賢士欒爲舉首以母老力辭續有薦者俱不

起扁所居曰心易尤精地理稱之者曰爵祿不能縻
貧賤不能戚有雲外樵歌若干卷藏於家及卒臨江
傅汝礪挽之以詩曰處士樵歌遠空山草木寒田生
晚傳易陶令早辭官白日開琪樹青天見玉棺看君
眞不死文采映芝蘭其風概可想見也後徙居龍泉

明

葉瑗字仲美少穎悟博綜經史年十三即蜚聲邑庠逾
年領鄕正統辛酉試棘闈以制額限遂棄舉子業日
與其徒談道遨遊山水築室蕪山下琴書自樂不談

世事年七十以壽終著有蘸峰吟一五卷

僑寓

某山某水某邱某壑羈人旅客來自外籍而家焉者所在多有還帀古今惟覩其人之可傳而傳之非是則無傳矣

宋

王伋字肇卿一字孔彰原汴人其祖訥因議王朴金雞歷有差眾排之貶居江西贛州伋因鄉舉不第遂精管輅地理之學棄家浪遊見松源山水秀麗遂家焉

祥符四年𦵔母舅劉氏於薰山下記曰魏溪坑口望
薰岡黄蛇捕鼠是真龍但看七寸安正穴四柱擎天
將相峯若問子孫官職位寅申巳亥產英雄大觀四
年劉知新狀元及第乃其驗也伋爲人卜兆獲福者
甚多故人以地仙稱之卒後門人葉叔亮傳其所著
心經篇問答語錄范公純仁跋之曰先生通經博物
無媿古人異乎太史公所謂陰陽之家者矣

明

周顒字仲昭山西澤州高平人永樂十八年由太學授

慶元縣丞歷九載清勤慈惠卒於官父老咸感泣曰

願爲百世父母遂塟於竹溪之源其子公榮因家焉

阮廷貴四川永州人正統間由太學授慶元縣丞歷任

數載多惠政士民感之遂家焉

王功字武功仁和庠生清峻端雅通易書詩三經剖晰

精微崇正間避亂至慶設帳講學名士多出其門其

子樞遂家焉

方技

弧弓和矢一技成名皆足千古邑中方技亦自

有人若概以小道棄之則周禮考工可以廢矣

宋

嚴道者王伋門人得伋秘授精於地理他日嘗爲人點穴拔竹插地比伋至抉土數寸正插銅錢眼中蓋伋預埋以試之也術亦神矣

國朝

陳于公洋里人少業儒過河墮水聞鬼呼曰良醫也遂扶以出後習醫凡生死壽夭一經切脈言無不驗有一產婦將分娩而氣絕公診之曰尚可生也命取黃

土一塊攤臍上用銅盤盛水置耳邊細籤敲盤不數刻而生人問其故公曰此婦下焦熱甚兒不敢下直上心頭抱母肝肺是以氣絶吾用黄土以清其火復以金水應之心清魂定兒下而母生矣康熙五十六年邑宰王開泰以翰林左遷頗知醫道誤自下藥病轉劇召公切脈公曰無能爲也夫人聞知脱簪珥以求治公却之曰病無生理何用此爲夫人曰然則如何公曰尙有七日可速料理諸務王聞之嘆曰眞良醫也雖京師醫院無此人也如期果終所著有傷寒

辯論等書惜未刊行

葉失名竹溪人傭隙而善談五行有一士人叩之曰家有孕婦弄璋耶弄瓦耶答曰也弄璋也弄瓦士人不解其故後孿生一男一女

吳之球上管人惠來知縣吳希點之孫也七歲能書揮毫落紙雲烟飛動至今如龍來鳳二橋匾額徐夫人廟聯對皆球手筆時稱爲字神童惜壽不永

姚祖讓郡廩生後田人耿介自持多積書以自娱其字法得顔之筋而隸草尤爲精妙一時學者宗之

吳家謙邑增生上官人稟性高邁工八法得屋漏痕折

釵股遺意

姚平後田人自號蘭亭居士專工大小楷書有魏晉人

風格子琴貢生亦善書

慶元縣志卷之十

知慶元縣事吳綸彰重修

人物志

閨操

劉向列女傳清風亮節所取固多其間如曹昭蔡琰之徒世稱才女向亦備載于傳不復分辨後世閨操一門專尚志節正易家人所謂利女貞也慶邑百餘年間韶年矢志皓首完貞與夫慷慨投繯從容絕粒者所在多有無論寒門世

族採訪得實急予表彰且示勸云

元

葉德善妻鮑氏至正間善以仗義勳授處州千戶殁於官時鮑氏年十九歲無子誓不再醮勤紡績以養舅姑始終敬養家雖貧苦節愈堅至洪武三十年邑耆老姚仲安詣闕上其事下有司覈實以聞

賜詔旌表

明

吳慶妻鄧氏年十八夫亡哀慟欲絕數日不進粒舅

姑以遺孕爲詞諭之乃强而起有豪勢聞其色謀
娶之卽斷髮自誓豪計寢由是獨卧一樓不履閾
外敬事舅姑無怠志年八十終嘉靖二十年縣令
陳澤給文付其子吳相赴闕上其事奉詔旌表
姚信妻吳氏年十九歲信亡無子家甚貧氏勤女工
以自給誓不改適節勵氷霜壽至九十九卒
葉宏妻余氏年十九夫死遺孕數月堅志守節雖饘
粥不給終身無憂喜色年六十五卒邑令陳文静
表旌其門

姚贊妻吳氏年二十夫死貧苦自守始終無貳志年
九十卒邑令彭适旌其門曰貞節
吳塤妻季氏年二十三寡以柏舟自誓撫諸孤辟纑
佐讀有和丸畫荻之風戊子水災一隅漂没獨其
夫柩無恙人以爲節孝所感子世銓世勳仕廉州
通判孫鳳起鳳翔人文輩出餘慶昌隆
國學吳化妻葉氏性沉默端重好讀書尤喜評隲列
女每至節義處輒三復不置年十五適吳夫肄業
南雍時值姑病躬調湯藥比夫歸得尪羸疾乃旦

暮祈天願以身代夫病革囑曰吾死任汝擇適毋
自苦氏泣曰是何言哉設不幸當以死殉及夫故
哀慟躃踊遂絶食七日一慟嘔血而殞時年二十
縣令以其事聞詔旌完節坊在下晉

國朝

葉氏貞女養姑許配下晉吳艮彩未合巹彩已死時
女年十六赴吳喪哀毁成禮遂堅志守節父欲奪
其志女引刀自刺血濺閾地舅姑知其志堅乃立
嗣子家貧如洗饘粥不給日勤組織而粱粟以食

舅姑年七十餘步不出閨邑令鄭公騐其脊搓圓騐其齒完固益敬禮之一日謂諸孫曰昔良人死吾非獨生設當時以死從死誰則以生撫生吾故以心許死者以身撫生者六十餘年幸楚備盡若輩俱幸成立今而後可以見良人於地下矣言訖整衣端坐而逝遠近聞者皆賁酒奠之御史楊旬瑛題其門曰貞心壽世詳見流香集

吳德芳妻楊氏年二十四歲夫死堅守氷霜紡績自給事姑至孝姑病篤氏告天請代割股療之邑令

詳其事各憲疊旌其節孝可風焉子吳昜有才名
葉廷章妻吳氏年十九適葉甫一載章亡堅志操守
四歲姪觀生承祧撫養成立孀居六十餘年不窺
外戸屢膺憲獎年八十八卒爲堪輿所惑僕扞凶
壤生夢母囑曰吾居水宅亟移卽改塟九都生
復夢曰吾今得所矣汝勿憂其精爽不泯如此
吳廷馨妻葉氏烈婦年二十一夫死守節孝事祖姑
時山賊竊發祖姑令葉避泣曰八十祖姑病篤豈
有孫媳遠去之理乎萬一吳氏一塊肉不可蹈於不

測隨將幼兒寄外祖家賊至葉被執見其色欲犯之葉嚼血噴賊賊怒劈其頭顱罵不絕口而死知縣鄭國位旌其門曰節烈渾全已上載程志

生員周貞一妻吳氏烈婦康熙甲寅閩逆陷城氏命子三錫從吳陳仁起義兵死之氏泣曰兒死於難吾不死必辱遂投繯死賊兵至見氏二目怒張賊懼卻走

吳氏貞女淑姬三都陳村延平都司吳陳仁之女已許配生員蔡良英爲妻未婚英亡女時年十九赴

蘖治喪破面截髮以死自誓撫姪承祧守節不改

雍正八年知縣徐義麟詳請

旌表

生員吳熀妻曾氏年二十五歲夫亡堅守冰霜誓不

再醮雍正七年知縣李廷宋詳請

旌表

生員吳公望妻周氏鸞如年十七歲于歸之夕夫郎

中風死氏守節繼趙爲子殷勤顧復家甚貧勤紡

績以資讀趙得遊庠氏年至八十終知縣徐義麟

撥附郭官田一十六畝零俾其孫永奉祭祀復請
旌表媳季氏甫生子而超亡同姑守節知縣徐又以同
心完節表其門
夏松生妻周氏年十九歲夫亡節勵氷霜誓不再嫁
事姑撫幼慈孝克全守節四十二年壽六十一終
李大孫妻吳氏烈婦年二十四歲因村人出言調戲
羞忿自縊知縣王恒以其事聞奉
旨建坊
吳茂旋妻葉氏烈婦年二十九歲因夫故後被夫兄

逼嫁不從捐軀明志縣令王恒以其事聞賜
旌表
周宗熹妻楊氏乾隆三年于歸六年夫故氏年二十
二歲堅志守節至五十五年其子廩生周漣以母
事實禀縣令張玉田詳請
旌表沒年九十三歲
儒童吳匡經妻練氏年二十六歲夫故遺腹生子王
典誓志苦守教育成立俾入太學而且孝事祖姑
及姑侍奉無缺喪葬盡禮今其孫殿元已入邑庠

氏現年八十歲道光七年鄰族以其事實具結舉
報縣令黄煥詳請
旌表建坊
增廣生員姚芝妻季氏年十七歲于歸二十二歲夫
故子承恩甫及週氏上侍邁姑下撫孤子誓志守
節氷霜自矢勵終年四十一歲計守苦節一十九載
鄰族以其事實具結舉報知縣黄煥詳請
旌表建坊
儒童瞿繼豪妻范氏年十六歲于歸二十四歲夫故

氏孝事姑紡績度日性堅金石操勵氷霜計守苦

節四十三年現年六十七歲道光九年閭里具白

其事知縣陳文治據實詳請

旌表建坊

以上自元及　國朝已奉題旌者謹核載二十二人

其餘俱照隣族公結按啚編次至現存者亦附於

各啚之末

廩生真金和妻謝氏年二十八歲夫死守節壽七十

八終康熙二十年知縣李畏綉給以貞操映玉匾

額
吳伯達妻真氏年二十二歲守節康熙五十四年縣
令李容之以節孝維風表之卒年八十有八子丹
桂娶李氏二十五歲丹故守節乾隆七年縣令鄒
儒以歲寒冰霜旌之年七十八終
庠生李學濂妻吳氏年二十四歲夫死撫姪守節行
不出閫孝事公姑和睦妯娌年六十九卒
周貫部妻吳氏年二十四歲守節壽終八十六歲
張希相妻吳氏孝豐縣教諭吳楠之女也素性嫻淑

年二十八歲夫死足不踰閾家無次丁訓子成人
七十四而卒
庠生吳定國妻季氏年二十八歲守節終年七十一
庠生姚垂邠妻吳氏年二十五歲夫故守節卒年六
十有一
庠生姚又彩妻周氏年二十一歲守節奉　學憲王
以貞由天授表之終年八十有五
藥維城妻俞氏年二十八歲守節時年六十有六
姚玉璔繼室蔡氏年十七歲守節奉　學憲賞給以

志潔氷壺匾額時年六十

吳懷璞妻姚氏年二十歲夫亡守志遺腹生子繼先

時苦守已三十一載

儒童吳元善妻李氏年二十五夫故子幼艱苦備嘗

矢志堅石且言笑不苟訓宗孟母知縣莫表以畫

荻可風年登七十知縣譚復撰傳文以表之見藝

文終年八十子登瀛貢生諸孫林立

庠生張繼文妻葉氏年二十八夫亡止生一子苦志

守節孝姑訓子樂善好施嘉慶元年獨建八都赤

坑水尾橋喜鵲隘嶺雇工種植松杉雜樹遮陰以便行人府憲修以若節傳芳旌其門邑令黃以訓子義方表其事朱王兩學師又以賢勞著節獎其實終年七十有九其子秀挺邑貢生孫俱成立

撸生姚濂妻吳氏年二十九夫故子幼苦志守節不出戶庭且善事繼姑宗族咸稱至孝訓子樹萱遊庠邑令鳴以風同仇範表之年至七十有六終

朱煌妻葉氏年二十八夫故子甫三齡苦志守節事姑盡孝訓子成立孫廷楷廷鈞遊庠邑令樂以節

孝裕後表之終年七十有三

吳松蔭妻姚氏年十八于歸孝事翁嫜二十九夫故子幼氏堅守氷操訓子坦然遊庠旋食餼嘉慶丁卯邑令黃以義訓成立表之今孫用光用中亦相繼入庠終年七十有五前後守節四十六年例應待旌有傳見藝文

庠生周渙潮妻姚氏年二十六生一子僅半月夫即物故苦守清操撫孤成立卒年七十有一

吳公典妻李氏年二十三夫故苦守一子桂發教養

成人娶媳余氏發又亡姑媳同心完節諸孫林立
姑年七十有七終媳年五十六卒
季育文妻吳氏年二十八夫故守節終年七十有五
余天有妻周氏年二十六夫故守節日勤紡織苦志
撫子艱積婚娶終年六十有九
吳如榮妻夏氏年二十四夫故苦志守節孝事翁姑
撫子成人苦積婚娶子又亡終日紡織撫孫擇配
卒年六十有七
朱積善妻周氏年十九夫亡紡織苦守節孝事舅姑

撫育幼子卒年五十有九

吳統林妻王氏年二十八生子甫四月夫故苦守撫孤卒年五十九

儒童王奕藩妻周氏貢生周原之女生自名門夙嫻内則年二十五夫故苦志守節撫子成立卒年四十八歲

吳士生妻潘氏年二十八夫亡堅持清操撫育二子俱已成立年五十七卒

庠生姚徽妻項氏年二十六夫故未育勵志守節撫

嶶前妻子樹型如若已出俾入國學孫有四咸愛
護之長孫叙已入庠年登七十命型倡修猫衕内
龍山門路學師沈以貞淑慈善褒之
儒童姚芝楝妻吳氏年二十六夫亡守志撫子成立
孝敬翁姑姑久病兼撫兩叔迨子脩援例授貢兩
小叔亦並入庠子與媳又相繼亡氏又撫育幼孫
訓課婚娶現年七十四歲學師沈子以冰心鶴髮
匾額嘉獎
吳儒才妻季氏年二十五夫故無子繼姪承嗣守節

四十四載二孫俱及婚配現年六十有八
姚巨官妻吳氏年三十歲夫故撫姪承祧現存守節
庠生姚樹玉妻王氏年二十七夫故家貧苦守撫孤
子宜清妻吳氏年二十九夫亡子幼家益窘迫矢
志不移姑媳同心完節
張繼斌妻吳氏年二十六夫故守節嘉慶丁卯邑令
吳以巾幗完人表之現年六十有一
庠生吳鼎祿妻葉氏年二十九夫故撫育幼子苦爲
婚娶現存守節

蘖士忠妻范氏年二十九夫故撫子婚娶現存守節

周芳厚妻張氏年二十九夫亡撫子婚娶現存守節

庠生姚之鰲妻吳氏二十七寡舉姪爲嗣現存守節

蘖士萃妻范氏年二十六夫故志勵氷霜現存守節

庠生眞上錦妻吳氏年二十夫故苦志守節

以上城内

姚漢棠妻吳氏年二十三歲守節撫成二子壽六十

終邑令郭以矢志氷霜表之

吳華齡妻王氏年二十一歲夫故子方週歲堅志守

節誓不再適撫子成立不履戶外雖親族罕見其
面卒年八十有三
蔡醇英妻季氏年二十七歲夫故矢志守節
胡庫玉妻黃氏烈婦以疫氣盛行父母連喪蹇及夫
主氏內無伯叔外無兄弟又貧無以甃悲哭萬狀
忽有金桂素性橫暴豔色强娶捺氏上轎氏閉門
堅拒桂復撾門而入氏知不脫遂以剪刺喉而死
因無親族遂寢未報厥後金桂竟以他事發配山
東

庠生余錞妻吳氏年二十八歲守節撫姪承祧清苦自持壽七十三終苦守四十餘年如一日焉

姚隆先妻吳氏年二十一歲守節卒年六十五

庠生葉汝楫妻吳氏年二十七歲守節　學憲王給以松貞石介匾額時年七十有六

增廣生員余瀇妻吳氏秉性淑愼瀇有瘵疾氏籲天願以身代及故子三歲氏矢志栢舟撫孤守節事姑劉以孝聞訓子銑不倘姑息人謂其於慈孝之道兩有得焉嘉慶丁巳教諭章觀嶽串其事於

學使以清操潔守奬之辛酉教諭吳滘又給予凌
霜勁操匾額並繪松石圖贊語其詞云瑤臺降芬
丹邱擬迹誕發蘭儀林間風格賢哉貞母淑慎何
摘淵令冲華乃宣壼則比婺瞻星破鏡用惜操潔
氷霜粹然瑩白勗子成名获經指畫旌節花榮光
昭史冊實邦之媛可風巾幗何以方之而繪松石
余讓妻吳氏年二十一適讓六載夫亡子週歲家貧
幾無以自存氏毅然自矢泣告翁姑曰婦命不辰
夫死子幼但分釜饘餘粒使婦得守志子得長成

婦死可以見某於地下矣尋翁姑卒氏茹荼飲泣歷久彌堅乾隆丁未其姪塏白諸院憲朱以堅冰遂志額給之子坦國學生

吳王鐘妻范氏年二十三夫故守節終年八十有一鐘弟王鎮妻周氏年二十四夫故守節終年七十有六一門雙節白首完貞道光二年其孫增生家駒白諸院憲 杜給以雙節堪旌表之

庠生吳誠中妻張氏年二十四夫故守節冰霜自勵終年八十有五目見曾元節壽並隆

周元吉妻吳氏年二十八夫故守節禮義自閑賢聲
懋著邑令薛裔昌以淑善傳揚獎之
增生蘖喬彬妻吳氏年二十八夫故子幼家貧紡織
度日堅貞苦守訓子藩遊庠邑令袁以氷霜旌之
蘗喬楷妻姚氏年二十六夫故守節金石不渝邑令
李以勁節可嘉旌之
蘖上球妻吳氏年二十四夫亡撫子守節令德克彰
卒年六十有六
吳德洪妻姚氏年二十三夫故守志節比松筠享年

六十有三

庠生姚河妻吳氏年二十六生子輝祖甫週夫亡氏矢志堅守克訓義方子孫成立卒年五十有六

余權妻吳氏年十九夫故守節撫孤成立卒年六十有五

增生范連林妻姚氏年二十九夫故苦守始終無貳卒年五十有一

姚國璠妻葉氏年二十七夫故苦志守節義方是訓子廷藻入國學廷龍入庠

職員姚廷芬妻季氏年三十歲夫故現存守節
儒童余高增妻吳氏年二十七夫故守節孝事姑嫜
凡先祖忌辰竭誠享祀氷霜自凛鄉里推賢現年
五十有六學師沈以賢孝淑貞褒之
庠生姚廷芳妻吳氏年三十歲夫故堅貞自矢現存
守節
儒童余思魁妻葉氏貢生葉之茂女年十七于歸結
褵二載夫故柏舟自誓越數歲翁姑繼亡二小叔
幼穉氏代執母儀一切恪遵家訓里族稱其節孝

學師沈以令德淑儀獎之
監生姚廷萱妻吳氏年二十九夫故矢志氷霜撫子
成立卒年三十有九
庠生姚廷蘭妻毛氏年二十一又娶吳氏年十八夫
故遺腹生子孔懃二氏同心守志節勵氷霜族里
以其事實白諸學師沈以氷節雙清褒之現爲詳
請
旌表
姚秉衡妻吳氏年二十四夫故志誓柏舟日勤紡織

現存守節

周長壽妻柳氏年二十七夫故苦守清節立繼承祧

大義卓然卒年五十九

周長海妻陳氏年二十二夫故守節撫子永福援例

入國學多行善舉學師沈以守貞迪善獎之

補遺前志淪沒年歲無考今併訪及附録于後

葉舜妻吳氏夫故守節皓首完貞萬歷庚子邑令李

質贈以霜節匾額

葉春郁妻吳氏夫故守節順治十三年道憲王崇銘

贈以氷霜節操匾額理刑廳趙霖吉又以淑儷敬

姜嘉之

廩生周禎妻葉氏夫故守節康熙丁丑儒學胡玠以

氷霜矢節褒之

介賓周瑞元妻余氏夫故謹遵遺訓教子及孫俱克

振拔康熙丁丑儒學胡玠以共操孟訓獎之

以上後田周墩

儒童吳象隨妻葉氏年二十夫故守節性質幽閒孀

於內則事姑訓子克樹閫儀邑令關以松貞喬介

褒之子先飛孫瑩用昭皆入庠曾白其事於督
學汪以節堅金石表之
儒童吳先書妻陳氏年二十七夫故守節志勵金石
邑令闞以柏舟孋美表之卒年八十有一
吳九江妻胡氏年二十四夫故苦守貞節金石不渝
卒年七十有八
庠生吳匡校妻姚氏年二十二夫故子珠年甫三齡
矢志苦守撫訓成立俾入國學克紹書香邑令譚
以訓宗孟母旌之今其孫元亦入庠現年六十八

吳際昌妻周氏年二十七夫故守節現年七十有三

吳德財妻楊氏年二十四夫故守節矢志柏舟現年七十有一邑令黃以善節可風表之

吳際豐妻虞氏年二十五夫故守節現年六十有九

吳希參妻楊氏年二十七夫故守節現年六十有八

吳佐聚妻劉氏年二十三夫故守節現年六十有六

儒童吳進敘妻范氏年二十夫故紡織苦守節比松筠現年六十有五

庠生吳雲妻何氏年二十三夫故守志節勵冰霜其

子國學生芝白諸院憲　𢦏以媲美陶歐旌之
吳希伺妻毛氏年二十七夫出外亡守節不貳現年
六十有一
庠生吳匡勷妻毛氏年二十九夫故志誓栢舟撫子
成立克樹母儀現存守節
庠生吳匡選妻周氏年二十八歲夫亡矢志堅貞撫
子守志克樹閫範
吳元璧妻陳氏年二十九歲夫故志同金石氷霜自
凜現存守節

儒童吳順爾妻劉氏年一十九歲夫故遺腹生子惠深撫養業儒力為婚娶氏清操自守風同畫荻現存守節

吳積興妻胡氏年二十六歲夫故堅貞自矢撫子成立現存守節

吳盛釗妻葉氏年二十七歲夫故孀守撫幼子崢嶸成立命修濛頭路嶺一百二十餘丈來往行人共羨母教之賢現存守節

庠生吳光妻陳氏年二十九夫故誓志苦守克勵冰

霜撫孤成立現存守節

吳玉瑱妻李氏年二十九歲夫故矢志栢舟冰霜自勵現存守節

楊子琯妻吳氏年二十四夫故孝事翁姑撫孤成立現存守節

以上一都上管

吳鏡妻夏氏年二十四歲守節卒年六十有三

吳炎妻余氏貢生余標之女孝豐教諭吳稱長媳性淑靜識大義年二十六歲守節翁在任終氏孿産

偕二叔扶柩歸葬族黨共稱其孝初承翁命仲季
兩房各舉一子入繼氏撫之如一人無間言知縣
鄧以闔儀堪美褒之壽至九十終
吳秉樂妻范氏年二十九歲守節壽至七十有二
吳居經妻黄氏年二十二歲夫死子方二週矢志守
貞時年八十有一
監生吳德麟妻何氏年二十七歲夫故守節時年七
十有七
吳居星妻張氏國學吳國祥祖母年二十四夫故守

節事姑撫子克樹閫儀壽至七十六終媳姚氏年
二十九寡姑媳相依同心堅守苦節年六十有六詳
遵遺命捐穀四百石入下會社義倉備賑邑令黄
以雙節流芳嘉之
吳開艮妻胡氏秉性貞淑年十七夫故誓以身殉痛
哭氣絶相繼而亡里族稱其節烈世所罕有
儲童吳檞妻張氏年二十夫故誓志守貞撫子成立
不愧母儀年至七十終
吳炳文妻蔡氏年二十九夫故家貧誓守撫孤二十年

辛勤條至訓教有方次子鯤入郡庠有聲邑令黄
友教以荻教可風表之終年七十有一
吳谿選妻葉氏年二十二夫故苦志守節歷久如一
卒年六十有八
吳谿藏妻楊氏年二十九夫故矢志守節堅同金石
卒年六十有六
吳思昌妻田氏年二十七夫故守節始終不移現年
七十有九
以上一都下管

吳世芬妻周氏年二十夫故守節撫子成立始終無
二儒學曹源郁以節操裕後表之
吳可艮妻劉氏年少守節康熙六年舉人葉上選里
長葉公茂請表處州推官張見龍以懷清表範縣
令李以勁節凌霜表之壽至九十卒
吳福基妻張氏少年守節康熙二十一年遊擊儲連
廷表以汎栢凌霜
吳榮達妻葉氏年二十八歲守節康熙三十五年縣
令李交英以節茂松筠表之

吳榮御妻葉氏少年守節康熙五十五年縣令王開
泰以松筠勁節表之壽至八十終
陳朝忠妻葉氏年二十六歲守節縣令鄧以壽節雙
美贈之
葉元朗妻項氏年二十八歲守節其子葉劉男娶妻
吳氏年二十三歲男又亡故姑媳相依同心守節
乾隆十四年縣令鄧觀以雙節冰操表之項終年
登九十吳年八十
吳兆任妻葉氏年二十八歲夫同兄營運江右兄病

旅舍適山水暴發任守兄不去遂同被溺氏聞慟
哭覓屍歸葬子僅數歲守節撫育壽年七十九歲
目見五代乾隆五十三年縣令徐傳一以節孝流
芳表之
吳允琨妻葉氏年二十七歲守節乾隆八年縣令蔣
潤以栢舟繼美表之
陳仁顯妻周氏年二十六歲守節乾隆五十四年縣
令張玉田以堅冰遂志表之
張敌瓊妻葉氏年二十六歲守節乾隆三十一年縣

令張儼以氷霜勁節表之

張從岳妻吳氏年二十九歲夫故僅育一子仁栢時

家産微薄茹氷撫孤自勤紡績訓子成家晚年周

恤鄰里修嶺砌路年七十一終韋孫林立人咸以

爲節義之報

陳從墻妻吳氏年二十七歲守節乾隆十六年縣令

鄧旌以壽節雙輝

練元容妻吳氏年二十歲守節卒年五十五歲縣令

多以玉潔氷清表之

庠生練日珪妻吳氏年二十一歲守節六十八歲總
知縣李以化石貞操表之
胡翙鸞妻魏氏夫死撫孤家貧苦守縣令多以節操
千秋表之
胡從禎妻吳氏青年夫故守節四十餘年縣令王以
節壽可嘉表之
毛添儒妻胡氏守節縣令李以氷操足式表之
練日𣚺妻吳氏年二十歲夫死伯叔欲奪其志氏割
耳截髮乃止守節四十年

葉永楠妻曾氏年二十八歲守節　學憲賞以貞心

古松表之

林永太妻胡氏年二十八歲守節終年七十有一

吳時亮妻林氏年少守節終年七十有四

胡崇祺妻陳氏年二十六歲守節終年六十有九

張敬臻妻吳氏年二十四歲守節終年七十有八

吳春鑑妻葉氏年二十六歲守節卒年六十有六

林春蕃妻陳氏年二十一歲守節終年八十有一

毛大蘊妻吳氏年二十八歲守節卒年六十有六

吳彖妻毛氏年二十八歲夫故矢志栢舟盟心黃鵠終年七十有四

吳伯創妻胡氏少年守節其子文欽娶范氏年二十七歲欽故一門雙節

練國璦妻周氏年二十七歲守節

吳蔡妻李氏年二十七歲夫故堅志守節撫二孤成立孝事姑嫜和睦妯娌里族稱之

練元斌妻龔氏年二十歲守節

庠生練日垣妻胡氏少年守節

吳世金妻蔡氏年二十九歲夫死家貧苦守孝姑睦
娌人無間言
練夔駒妻吳氏守節
練國瑀妻吳氏守節
吳榮業妻胡氏少年守節
胡元陞妻吳氏少年守節
練日恬妻胡氏夫故守節
吳大環妻胡氏年二十七歲有五子夫亡苦志堅守
數十載如一日貞一之風洵足嘉焉

練日頒妻范氏夫故守節

練日達妻張氏夫亡守節

胡增填妻楊氏少年守節

練文韞妻胡氏夫故守節

練文賫妻葉氏夫故守節

吳元肇妻葉氏少年守節

吳上泰妻陳氏少年守節

庠生吳善應妻姚氏夫故守節

吳習孝妻范氏夫故守節

庠生吳運鯢妻陳氏夫亡守節

吳士盈妻陳氏年二十八歲守節朝夕勤苦撫子成

八子故復撫孫成立時年七十有八

吳明松妻周氏年二十四歲守節時年七十有五

練世鯨妻周氏年二十四歲守節時年七十有四

練元湯妻吳氏年二十七歲守節時年七十有四

劉其言妻吳氏年二十三歲守節時年七十有三

吳明栢妻周氏年二十二歲守節時年七十有三

葉永楊妻張氏年二十六歲守節時年七十有二

葉元龍妻劉氏年二十三歲守節時年六十有八
吳正譜妻劉氏年二十四夫故苦守貞操自持邑令
鄧以義同柏舟表之
吳自棟妻范氏年二十四夫故守節終年八十有四
吳承堪妻葉氏年二十夫故矢志堅守邑令蔣以柏
舟繼美表之
范邦樑妻練氏年二十夫故苦守卒年八十有四
范邦寧妻吳氏年十九夫亡守節金石同貞卒年六
十有六

張義枝妻吳氏年二十七夫故苦守氷霜自凛終身
足不履閫外年踰七旬終
張德榮妻陳氏年二十七夫故子幼苦守撫育訓其
成立卒年六十有六
范義信妻吳氏年二十二夫故守節克全貞操卒年
六十有四
范邦潮妻吳氏年十六夫故守節卒年六十有一
張仁棟妻周氏年二十八夫故苦守堅志不移撫姪
承祧迄今子孫林立終年六十有二

張義長妻葉氏年二十六夫故守志子方六齡節凛
氷霜卒年六十有一
范維岳妻周氏年二十八夫亡遺腹生子苦志守節
撫養成人卒年七十有四
葉長銓妻周氏年二十八夫故守節卒年七十有四
邑令吳沆以氷霜矢節表之
吳其珍妻王氏未育勸夫再娶葉氏年二十夫故娶
媳葉氏年二十三子又亡姑媳同心守節學師沈
鏡源以氷節雙清褒之

張仁餘妻葉氏年二十六生子義幹年未週夫故氏
以柏舟自誓義方訓子卒年五十有四
范發駿妻胡氏年二十四夫故遺腹生子家貧氏紡
織度日撫育成人卒年七十有餘
吳永乾妻葉氏年二十九夫故子幼孝事舅姑矢志
堅守邑令鳴山以節孝堪嘉表之
范邦鈖妻黃氏年十八夫亡遺腹生子尙模撫育成
人邑令吳沆以節操可嘉表之
吳義盛妻范氏年二十七夫故守志繼姪承祧克全

大義邑令嗚以節義堪嘉表之

黄漢梅妻胡氏年二十八夫故守志撫子有成俾入

國學邑令黄以節義可風表之

張義顯妻陳氏年二十八夫亡堅志守節撫育幼子

義方成立現年六十有二

練學蘭妻甘氏年二十八夫故堅志守節邑令黄以

節義流芳表之

儒童劉光表妻周氏年二十二夫亡遺腹生子克明

紡織從讀榮列成均邑令孫以節孝堪嘉表之

吳兆繞妻葉氏年二十七夫故守節撫子成立勤儉
持家耄年不倦教諭林以節壽雙輝表之
周仁煥妻張氏年二十二夫故家貧撫子苦守堅同
金石里族稱之現存守節
吳世孔妻魏氏年二十五夫故撫子守節義訓成立
吳日枝妻胡氏年二十八夫故矢志堅貞訓子成立
族里賢之
吳源妻范氏年二十八夫亡撫子成立現存守節
劉忠興妻練氏年二十七夫故家貧守節子亚銓妻

毛氏年十七銓又亡姑媳共守終始不二
王遇海妻吳氏年二十九夫故守志節比松筠子孫
林立儒學朱以壽節兩全表之
葉長英妻劉氏年二十二夫故子維浪甫三齡氏孝
事翁姑節勵氷霜里族稱之
周長有妻劉氏年二十一夫故遺腹生子世德撫訓
成立節操堅貞現年六十有三
吳積傑妻周氏年二十六夫故守節現年六十有一
周元秀妻陳氏年二十六夫故守節現年六十有二

吳積齡妻梁氏年二十二夫故守節現年六十歲

吳上元妻周氏年二十六夫故撫子成立現存守節

庠生吳孟登妻劉氏年二十八夫故現存守節

吳上振妻周氏年二十二夫故堅貞自矢現存守節

項華新妻周氏年二十五夫故現存守節

吳世顯妻范氏年二十三夫故現存守節志堅金石

范培榮妻陳氏年二十四夫故現存守節

練世豪妻吳氏年二十七夫故現存守節

吳積信妻劉氏年二十八夫故現存守節

吳積儒妻周氏年二十五夫故現存守節

以上二都

姚天璋妻吳氏年二十八歲夫故家貧守志立嗣繼

後終年八十有二

吳立英妻蔡氏年二十八歲夫故苻節其子德炳娶

媳葉氏年二十五歲炳又亡姑媳苦守媳年至八

旬媳年六十全卒邑令張以同心節操表之

廩生吳肅晃妻姚氏年二十七歲夫亡無子矢志不

二撫姪承繼卒年六十有七

姚國和妻周氏年二十四歲守節終年七十有五
陳大妹妻吳氏年二十四歲守節時年六十有四
陳文順妻吳氏年二十夫故苦守貞節儒學章以柏
舟自矢表之卒年七十有一
劉長武妻葉氏年二十九夫故守節現年六十有九
夏開啟妻項氏年二十九夫故苦守現年六十有三
葉其車妻劉氏年二十九夫故守節現年六十有九
劉玉才妻吳氏年二十九夫故守節卒年五十有六
吳寶男妻陳氏年二十四夫故守節堅貞不渝邑令

譚以冰霜守志表之

夏宏宋妻胡氏年二十八夫故守節現年六十有三

吳克貫妻夏氏年二十六子甫週歲矢志苦撫歷久

彌堅現年五十有九

周民起妻項氏年二十九夫故守節現年五十有三

吳作楷妻陶氏年十八夫故遺腹生子克枝氏紡織

撫孤現存守節

吳希之妻楊氏年二十八夫故苦撫幼孤現存守節

以上三都

庠生江古驁妻吳氏年二十六歲守節孝事翁姑喪
葬盡禮終年八十有六
庠生周殿麟妻吳氏年二十一歲夫故撫姪承祧永
操自持現存守節
以上四都
葉新勳妻夏氏年二十六守節終年七十邑令蔣潤
以松筠節操表之
李長標妻吳氏年三十夫故守節終年八十有六
劉則榮妻吳氏年十九夫故矢志苦守繼姪潤廷以

續宗祧始終不二卒年四十八歲邑令黄以志同
氷霜表之
葉日川妻吴氏年二十八夫故克勵清操現存守節
楊恒福妻周氏年十九夫故子甫週歲堅志守節
以上五都
吴大週妻楊氏年二十四歲守節終年七十有六
范邦久妻吴氏年二十歲夫故守節足不出閫門雖
至戚亦罕見其面鄉里稱之
范尚魁妻毛氏年二十八歲夫故誓守撫子歲立現

年五十歲
范俊良妻童氏年二十七夫故守節現年五十有五
以上六都
何金燕妻吳氏年二十九歲守節乾隆九年邑令郭
以節孝風勵表之終年七十有二
庠生胡繼望妻姚氏年二十二歲夫故二子年幼苦
守撫育成人年六十有七
何其坦妻胡氏年二十七歲夫故撫姪守節年六十
歲終。

周如齡妻吳氏年二十六歲守節終年六十有九

胡錦袍妻余氏年二十六歲夫故守節時年六十一

吳光謨妻龔氏年二十九夫故守節終年八十有八

庠生胡鈺袍妻吳氏年二十八生一子志禮年甫週夫故氏苦撫守節娶媳吳氏生一孫子又旋亡媳年二十四姑媳相依同心完貞姑年八十終媳年七十有一終邑令鳴以氷雪雙清獎之

鮑爵壽妻黃氏年十八夫故家貧無子氏矢志氷霜紡織度日立姪爲嗣終年七十有七

何玉煒妻王氏年二十七夫故守節克勵冰操卒年

七十有七

吳得時妻王氏年十九夫故遺腹生一子氏矢志栢

舟撫訓成立邑令戈廷楠以冰清玉潔表之卒年

七十有二

何美陸妻吳氏年二十五夫故守節松柏同貞卒年

七十有六

何其穀妻温氏年二十五夫故守節冰操自凛卒年

七十有五

孫繼懷妻瞿氏年二十三夫故矢志金石苦守不移
卒年七十有四
何其巍妻李氏年二十八夫故守節堅持清操卒年
六十有七
吳錫年妻劉氏年二十三夫故家貧子幼誓志柏舟
撫訓成立卒年七十
吳光海妻范氏年三十夫故守節卒年六十有一
庠生何其坤妻吳氏年二十夫故守節卒年四十四
何燦安妻湯氏年二十九夫故堅志守節始終無貳

現年七十

何玉繁妻鮑氏年二十六夫故守節矢志堅貞現年

六十有七

葉作禮妻吳氏年二十五夫故守節儒學王以矢志

冰霜表之現年七十有七

吳成學妻周氏年二十二夫故生一子甫三月氏堅

志守節撫訓成立卒年六十有一

何其祥妻吳氏年十八夫故誓志守節堅同金石生

一子美寗甫三月氏撫育備至教養成人娶媳吳

氏年十九守又亡姑媳相依同心守貞姑年五十
八卒媳現年六十有四
何美傳妻周氏年二十九夫故守節現年六十有七
庠生何其塘妻葉氏年二十六夫故現存守節
何美璜妻吳氏年二十九夫故守節現年六十有三
何美脩妻吳氏年十八夫故矢志堅貞現存守節
吳桂燕妻黃氏年二十三夫故柏舟自矢現存守節
以上七都
吳則稷妻葉氏庠生吳傳經祖母也年二十三歲守

節壽至八十終縣令鄒以苦節生輝表之
楊翰弟妻吳氏年二十九歲夫亡遺腹生子家貧守
志事翁克孝撫子成立卒年六十有六
吳舉艮妻楊氏年二十四歲守節時年六十有六歲
吳㦒妻楊氏年二十二夫故遺腹生子撫訓成人紡
織苦守松柏同貞終年九十有六
庠生楊何遠妻吳氏年三十歲夫故守節課子有晝
荻風長子思震明經次思舜庠生終年八十有七
楊公舉妻余氏年二十四夫故家貧堅守苦節紡織

度日誓死無二撫姪爲嗣令復撫孫里族賢之
庠生吳紹文妻周氏年二十五夫故遺腹生子矢志
氷霜撫孤成立現存守節
楊公倫妻周氏年二十五夫故苦志撫孤現存守節
以上八都
季長奎妻項氏年二十九歲守節壽至八十終乾隆
三年縣令郭從善以節孝流芳表之
吳新機妻周氏年二十七歲夫故矢志靡他撫姪承
繼邑令陳以瑤池氷雪表之終年七十有三

季運龍妻葉氏年二十八歲夫死守節邑令張以節
操堪風表之卒年六十有四
沈長璐妻葉氏年十九歲守節生一子甫週歲氏矢
志氷霜孝敬翁姑撫子成立壽終九十有六
陳志鑛妻沈氏年二十六歲守節卒年六十有五
吳金符妻林氏年二十四歲夫亡撫子啟昌守節娶
媳王氏年二十一昌又亡家貧姑媳紡織同心完
節
庠生田涵妻周氏年二十一夫故守節卒年六十九

季子八妻楊氏年二十六夫故苦守貞節卒年八十

庠生季𤏡妻姚氏年二十五夫歿苦遘疾氏親侍湯

藥衣不解帶經年夫故哀慟失明誓志守節撫子

應選訓養成人長入國學孫有六長銘遊庠食餼

邑令樂韶以志潔冰壺表之終年六十有八

吳廷舉妻楊氏夫故守志卒年九十三邑令戈廷楠

以令儀壽母表之其子庠生邦彥妻金氏年二十

八彥故金孝姑撫子督課成立諸孫相繼遊庠恒

楷係邑廩生金年六十有三卒

吳子佑妻李氏年二十九守節終年八十六臨危猶
諄諄命子長蓮砌脩黃荊橋大甕壪道路百餘丈
田沃妻蔡氏年二十七夫故撫子守節九熊課讀子
嘉琪嘉錦同入邑庠邑令黃煥以賢同孟母表之
長媳嘉琪妻吳氏年二十四寡吳亦勵志守節侍
奉邁姑人無間言今其長孫元已列黌序儒學洗
以植節嗣㵾褒之現請詳請

旌表建坊

吳喬木妻周氏年二十六夫故撫子啓支堅志守節

卒年六十有二

田易妻吳氏年二十六夫故撫孤守節卒年六十歲

蔡啟福妻李氏年二十九夫故家貧守節誓死靡他卒年七十有七

吳經旺妻賴氏年二十六夫故守節卒年六十有二

謝廷棟妻劉氏年二十八夫故守節卒年六十有四

廩生吳佐妻楊氏年二十四夫故家貧矢志守節卒年五十有二

田如榊妻劉氏年十八夫亡守節誓不改適卒年七十三

十有九
吳成浩妻姚氏年二十八夫故撫子應聘守節娶媳
陳氏年二十五聘又亡陳矢志不二侍奉邁姑同
心完貞媳年四十六卒姑現年七十有九
李永和妻吳氏年十七夫亡堅志守節卒年三十三
許汝揚妻吳氏年二十八夫故守節現年七十有四
李發松妻吳氏年二十六夫故守節現年六十有五
儒童李應培妻吳氏年二十九夫故撫子必鵬親持
家政義方課子娶媳姚氏年二十四鵬又亡舉子

錫賢方週氏矢志堅貞姑媳相依同心守節
廩生田嘉翰妻吳氏年二十五夫故堅志守節撫孤
成立義方是訓二子煌和同入庠序
季仲康妻吳氏年二十四夫故守志遺腹生子林氏
力勤紡織撫訓業儒現存守節
毛可桂妻郭氏年二十八夫故守節卒年八十有四
姚長壽妻葉氏年二十八夫故現存守節
謝永陽妻王氏年二十二夫故矢志堅貞現存守節
季伊武妻余氏年二十七夫故守節現年六十有一

吳新鯄妻李氏年二十六夫故矢志堅貞現存守節

吳金鎮妻蔡氏年二十六夫故志誓柏舟氷操自勵
繼姪以承先祀現存守節

田嘉憑妻沈氏年二十三夫故堅貞自矢現存守節

周顯榮妻葉氏年二十五夫故撫子成立現存守節

吳海儀妻沈氏年二十四夫故現存守節

儒童田璣妻周氏年二十六夫故苦撫幼孤義方惟
訓現存守節

沈朝維妻徐氏年二十七夫故苦撫幼子現存守節

葉開明妻吳氏年二十九夫故撫遺腹子苦志守節

李兆表妻吳氏年二十二夫故矢志堅貞現存守節

李兆槐妻吳氏年二十五夫故志同金石現存守節

沈尙疇妻朱氏年二十五夫故守節始終不改其操

以上九都

周士重妻楊氏年二十八寡舉姪茂晃以承夫嗣俾

入國學孫唐聘唐平俱業儒氏樂爲善舉獨捐重

金建造吳村屋橋併砌脩道路現年六十有六儒

學沈鏡源以淑貞懿善褒之

周仲堯妻謝氏年二十四夫故撫子文亮年方四歲
氏堅志守節誓死靡他終年八十有一
林元發妻陳氏年二十九夫故撫子苦守貞節
周子啟妻毛氏年十九夫故矢志堅貞現存守節
林元潛妻葉氏年二十七夫故苦撫幼子現存守節
楊富盛妻陳氏年二十九生一子甫五月夫即物故
氏堅志撫孤苦守貞節
鮑長松妻沈氏年二十四寡繼姪承祀現存守節
以上十都

王明學妻周氏年二十歲夫故生子之泰年二歲[illegible]
子成立娶媳李氏年二十七泰又亡姑媳同心守
節康熙十七年邑令羅給以一如冰清四十二年
溫處道憲佟以松柏雙清表之
王國彬妻周氏年少夫故撫子守節尤樂施予乾隆
四十九年歲荒變產以賑鄉里耆老咸稱節義壽
年八十餘終
毛光基妻鄭氏年二十四夫故節勵冰霜矢志不二
生子先華撫訓成立娶媳蕭氏年二十九生子鳳

鐏而華又亡姑媳同心守節鐏入國學謹遵祖母遺命每遇歲歉周恤隣里邑令樂以氷操同心表之姑年八十終媳年六十現存孫枝林立

儒童沈旺越妻李氏年二十六夫故堅志守節義方是訓子起援例孫之涵入庠寄居浦東

沈長禎妻張氏年三十夫故堅志守節卒年六十有七寄居浦東

鄭柏松妻劉氏年二十七夫故守節卒年六十有六

蔡邦輔妻楊氏年三十夫故守節堅貞自矢訓子嚳

己入邑庠邑令樂以節孝可堪嘉表之
監生沈維朋妻湯氏年二十八夫故現存守節
蔡邦壽妻夏氏年二十五夫故現存守節
吳佛養妻葉氏年二十九夫故苦志守節現年七十
以上十一都
吳恒熈妻李氏年二十四夫故守節善事翁姑和睦
妯娌罕出閨門不妄言笑卒年六十有餘
姚長明妻沈氏年二十九夫故家貧立志堅貞清操
自勵現存守節

邵文淳妻謝氏年二十八歲夫故節勵冰霜志同金石舉姪以緜夫嗣

李煦薰妻沈氏年二十七夫故撫子愈玘教育成人現存守節

吳炳烈妻龔氏年二十八夫故孝姑撫子矢志堅貞現存守節

庠生邵友仁妻蔡氏年二十九夫故子爲梅甫三齡氏事姑撫幼和睦妯娌行不出閫現存守節

壽婦鍾聲高妻凌氏現年壹百歲生四子俱存孫八

曾孫五共聚一堂儒學沈以錫齡衍慶贈之

以上十三都

賢毋

瑞金縣知縣姚鐸妻吳氏鐸故時二子姚軾姚轍俱年幼毋勤力訓子俱遊庠考授州同郡守孫太儒給以共孟同心匾額

增生吳元觀妻季氏勸夫納妾陳氏生二子夫旋亡時季氏年二十八歲陳氏年二十歲同心撫孤成立雍正四年訓導許以陶孟遺風表之冒見五代

朱文贊妻胡氏年二十九歲夫故子朱學灑年僅四
齡家世寒微毋勤紡績撫子成立遊庠食餼乾隆
七年縣令鄒以風同晝荻表之
廩生鮑晁妻吳氏少執婦道因有疾力勸夫再娶吳
氏生二子而夫亡吳氏年二十八歲次吳氏年二
十四歲同心苦守事姑以孝撫二子曰啓曰起俱
遊庠邑令鄒以晝荻遺徽鄧令以雙節並輝表之
吳紫豐妻黄氏年二十六歲夫故子吳凌雲僅週歲
氏矢志撫孤毋兼父訓其子成立遊庠

姚華岳妻吳氏年二十六歲守節訓子讀書入庠邑
令鄒以美婉和九表之
姚世鐸妻吳氏年二十三歲夫亡子姚煒甫三歲家
無產業栢舟自誓事姑訓子各盡其義子遊庠奉
學憲寶給以孟母遺芳匾額
監生楊繁妻陳氏年二十一夫逝養姑撫二子成立
長樹朝貢生次樹望庠生
楊珍商妻吳氏年二十四歲夫死守節訓子入泮乾
隆四十六年督學王以盡獻清風表之

吳新楠妻李氏監生李鍾聲之女年二十四歲夫
孝事翁姑教育二子煦健俱入庠邑令鄧以勁節
垂芳表之終年七十有三
練紹周妻吳氏夫故守節矢志不貳鄰族賢之
附監何玉瑞妻謝氏秉性端莊夙嫻閨訓年二十八
瑞亡矢志守貞誓不改適子其顯甫七齡謝惟義
方是訓俾入邑庠有聲卒年六十有一
何其楨妻湯氏性貞淑年二十三歲夫歿守志不移
時年六十有二

庠生季謨妻吳氏貢生吳得訓之女年二十八歲夫
故守節撫孤成立儒學贈以有此君操
庠生季士賢繼室吳氏年三十二歲夫故守志生子
逢丙尚未週月前子逢春年方四齡撫視如一苦
訓二子俱入邑庠守節六十餘載壽至八十四終
練學高妻周氏秉性賢淑夙嫺母儀夫故子幼產薄
苦儉持家義方訓子次男自精現入邑庠教諭林
風堪追陶表之
庠生姚瀛妻吳氏幼遵家訓于歸後未育勸[illegible]

楊氏叉木育復勸再娶吳氏夫故氏善處二氏同

心守志而且性喜施予不惜重貲獨修華溪魏壽

巖百有餘丈繼姪遠應爲嗣爲之婚娶俾入國學

鄰族賢之

補遺

城内葉士望妻吳氏年二十四歲夫故撫子守節

周吉元妻吳氏年二十四歲夫亡志勵氷霜康熙戊

戌年邑令金以淑善傳揚旌之

吳家麟妻葉氏年二十歲夫故守節訓子遊庠

吳燮煥妻練氏年二十四夫故守節現年五十有四

吳起棱妻胡氏年二十七歲夫故守節撫子尙僑身列成均府憲吳贈以節操冰霜區邑令譚以節孝可風表之卒年七十有二

庠生吳尙志妻鄭氏年二十九歲夫故守節卒年六十有三

吳大燠妻胡氏年二十三歲夫故守節卒年九十有八子士烈妻葉氏年二十四烈又亡仝姑完節卒年七十有六

吳正諄妻管氏年二十八歲夫故守節現年六十
葉明照妻胡氏年二十四歲夫故現存守節
吳盛耀妻胡氏年二十九歲夫故苦志守節現年五
十有五
胡兆煞妻吳氏年二十六歲夫故矢志守節現年七
十有六
王開棱妻吳氏年二十七歲夫故守節撫子宗齊宗
濱成立
葉光烈妻吳氏年二十八歲夫故守節

吳正金妻胡氏年二十九夫故守節堅貞自矢撫子
成家
儒童毛元鰲妻吳氏年二十五歲夫故守節事姑以
孝訓子成名卒年六十有四
儒童毛元斐妻陳氏年二十三歲夫故守節遺腹生
子飛鵬撫訓成立邑令劉以閫德流光照之卒年
六十有九
胡學權妻陳氏年二十二歲夫故矢志守節現年五
十有四

慶元縣志卷之十一

知慶元縣事吳綸彰重修

雜事志

祥異　仙釋　寺觀　庵堂

八政九功前卷分識其大矣然春秋有災必書洪範休咎並列史家亦不廢災祥之説至若方外浮屠雖爲君子所擯而琳宫梵宇相沿已久不忍遽湮故與畸人奇蹟事堪考鑒者並附於末志雜事

祥異

邑志災異猶史書五行和氣致祥乖氣致異天人相應之機有較然不可誣者人能恐懼脩省以回天變則大爲國徵小爲家兆悉可轉禍爲福悔無咎矣

明

永樂十四年秋七月大水

成化三年夏六月地震　秋八月大雨雹

嘉靖九年夏六月大霜殺禾

三十年丙辰白馬精見

精自臍稍麥氣如硫黃中者即昏仆婦人尤甚闔
邑驚惶達旦後迎五顯神驅之旬日乃滅
萬歷二年甲戌地大震官舍民居傾頹
三年乙亥大饑
是歲五月民間絕糴野多餓死知縣沈維龍發倉
賑之民困始甦
冬十月八都雄雞變雌
十六年戊子夏四月朔大水
衝壞北城七十三丈民居漂沒人多溺死

國朝

順治五年戊子九月天晝晦不辨行人

冬十二月羣虎食人

六年己丑大饑

十二年乙未大饑

民多餓死知縣石聲垣先賑粥五日邑中樂施者

輪日煮粥於塔院

十七年庚子夏五月颶風發北壇樹木盡拔

十八年辛丑夏五月大水

冬十一月虎食人署縣事同知田嘉修禳之去

康熙五年丙午秋九月地震

九年庚戌羣虎食人知縣程維伊禱於城隍廟虎遂

遁跡

十年辛亥夏五月大旱青虫食苗知縣程維伊詳請

蠲免事見蠲䘏

五十五年丙寅夏四月朔大水

衝塌西城數十丈

三十四年乙亥冬地震

國朝

二十五年丙寅夏四月朔大水

衝塌西城數十丈

三十四年乙亥冬地震

三十六年丁丑饑

四十八年己丑夏五月大水

五十九年庚子夏五月大水

雍正二年甲辰夏五月大水

十年壬子夏六月禾生黑蠅

乾隆元年丙辰秋七月大水

三年戊午秋七月大旱青虫食苗

七年壬戌虎食人知縣鄒儒命射戸捕殺患始息

十三年戊辰夏四月大水

十八年癸酉大饑
十九年甲戌夏四月地震
二十一年丙子夏四月大水
二十五年庚辰夏五月大水
二十六年辛巳冬十一月羣虎食人署典史陳子隹
募强弩射之獲虎三
二十九年甲申春二月大冰雹
三十二年丁亥夏五月大水西隅民屋沉溺
三十五年庚寅春正月丁酉彗星見戌火

延燒治前數十餘家狀元尚書兩坊並燬
三月大水
三十八年癸巳夏五月大水白馬山崩
三十九年甲午冬雄鷄自斷其尾
四十五年庚子春三月大水　冬十一月大水
四十八年癸卯秋七月戊戌彗星見庚子火
延燒治前百餘家
四十九年甲辰大饑
夏五月大水西隅民屋沉溺

五十三年戊申夏四月大水

金溪水從西城衝入轉北城衝出壞西城七十餘

丈北城二十丈淹塌西北隅民居溺死者數人

六十年乙卯夏四月蓋竹山崩

坍没普化寺於隔溪山下死者四人

嘉慶四年庚申羣虎食人

六年辛酉羣虎復食人　夏六月青虫食苗

十二年丁卯夏六月大水雹　冬十月天鼓鳴

十三年戊辰夏五月大水　秋七月復大水

城内西北水深丈餘　九月地震
十四年巳巳大饑
十九年甲戌冬十一月彗星見
二十二年丁丑饑
二十四年巳卯虎入城
道光元年辛巳羣虎食人
二年壬午羣虎復聚知縣樂韶疏告城隍虎跡遂遁
仙釋
仙釋道空老君術幻其爲虛無寂滅一也惟是

流傳已久事非無稽概以斥之恐濫駭俗姑存
之以備覽
五季
馬氏三女仙五季時華亭人也至德中父携母盧氏
男一女三避亂盧氏有舅從焉次溫州父死於羅
洋即塟於其山服闋過青田縣十三都七里渡次
女墮河水迸莫能救去之尼庵駐足一夕母夢次
女曰毋居此脩出世法無庸也括有山曰百丈盍
往結茆鍊性但患鑱志不堅耳毋覺念次女已死

夢語可信遂同二一女問道至百丈山見山多奇勝
歎異之遂誅茅結室爲脩煉地居無幾忽次女從
空下母驚愕曰若墮河死矣何復活至此女曰兒
溺水至七里口援楊枝抵岸得活覔食鸕鶿村有
盧翁慰兒曰若尚少無患失母姊盍留我家俟年
長爲吾兒婦得所矣兒勤紡績敬事而已庚申歲
饑出趂紡晡回途遇老翁授兒丸藥服之覺身輕
及渡翁以兩蓋置水上爲舫載兒會有貨花藥姓
者詫爲異呼曰翁渡我不忘恩德遂同載亦得傳

仙術次年七夕見於屋後牛頭嶺白日翀舉母聞之喜甚女以丹實著甌奉母母未飲俄有雀遺矢中之女歎曰母無成道緣矣會歲旱三女囑盧舅下山祭邑令預刻日時能致滂沱雨邑令詣山謝之及母死葬於山之西澗四面水繞老松倒垂如蒂有松溪邑令入山見三女色欲强娶之女詒曰汝能一晝夜從縣砌路達此山即從汝令趲上砌之女民其路成遂白日飛昇去今巖上有剪刀鏡臺履跡石痕

吳士王名十七郎五代時仕周爲諫議大夫得異傳幻術徙居松溪遂應場既没鄉人立祠禱求多應至正間有賊犯境鄉人禱神兆吉率衆拒之賊見兩山兵幟甚衆披靡大敗斬獲甚衆今遂應場吳姓即其後也詳見叢志

宋

黄十公下晉黄坳人宋時樵於仙桃山見二叟對奕取其餘桃啖之不知饑渴叟語曰此後毋食烟火物及歸已春秋三度矣始知所遇者僊也憾未及

叩還丹訣復往奕處但鳥啼花落而已呼之輒應聲在百花巖上遂窮其巔結廬居焉幾二十餘年一日見馬仙面壁而坐公跪竟日仙鑒其誠授以罡訣後坐化石上至今石上有鈴刀痕跡歲旱禱之輒應

梵公二一都人宋時充縣隷因令尙酷刑公以葱貯血私繫杖上救活甚衆一日令見公歩離地尺餘問其故乃以實對大異之遂至松溪白鶴山修煉功成頭冠石日囘至三一都烏峰山飛昇去至今鄉人

禱應如響

明

葉有賜西隅人精巫咸術時西關梟橋下有鬼洞白
日爲祟鄉人每逢薄暮不敢行賜以法驅之祟遂
滅遠近病者踵門求符立見神效尸解

翁正五翁山村人學閭山術邑有病魔者索符驅之
輒愈初村多禿雀稻初熟雀爭響之甚狠籍村農
患之謀諸翁翁曰吾當令之去已而果然今其村
獨無禿雀相傳爲正五所驅云

國朝

達一字廣貫溫郡人初掛錫於萬壽庵能修道行出衣鉢以整庵宇後住持慈照改造正殿築墻垣乾隆庚辰倡建角門橋費以千計其舉所入租石除修齋外盡輸爲工匠口食如是者數年一日沐浴整衣端坐而化邑人肖其像於橋左

元璧俗姓無考溫州人善詩文捨家披剃來葛田梵安古刹村人難之曰此寺之荒廢久矣師將何爲荅曰吾豈圖便常住持者耶遂以原址重爲募建

未幾而寺復興門下披度者甚衆

寺觀庵堂

同爲釋老所棲而洞天福地名號不一如衲子提招羽士丹室咸多勝槩海市蜃樓並資嘯詠因名考實似不可廢

寺

石龍寺 石龍山下唐乾符間邑人吳馬劉捨址建宋寶祐元年邑人吳濟造經藏一輪今廢明天順元年有火者盜銅板披寺造鈔發覺即自盡求之弗得因罪及有詔抄沒使者一夜夢神人指以火者屍處及獲免改名神力嘉靖三十七年邑人吳安應蔡修易名崇教論吳瑞有記順治十七

年重修乾隆三十四年

僧普静募修詩見藝文

天銘寺縣東象山下建自蕭梁元至元間僧至善重建詩見藝文今廢

普化寺二都蓋竹宋天聖二年建詩見藝文乾隆六十年被水坍没今廢

南山寺二都蛤湖

廻龍寺二都官塘道光七年重建

廣福寺五都金村唐乾符元年建明嘉靖十八年洪水漂没僧元保於横碶搆小刹居之

慈照寺五都魏溪唐乾符二年僧覺正募建明正德二年僧惠䆮重修乾隆甲申年僧廣灝重修

詩見藝文

莊嚴寺六都蔡段唐中和二年建宋大觀三年僧子端造經藏一輪今廢明宣德九年建法堂景

泰五年僧惠袍建鐘樓詩見藝文

道光十一年僧悟本重修

真乘寺六都山根朱淳化二年夏聰建明宏治十一年僧順輔重修乾隆年間僧普靜復建西樓

薦福寺六都朱乾德二年建今廢

慈相寺七都中村唐元符三年建明正統十年僧宗成重修

淨悟寺七都隆宮唐乾興元年建明萬歷元年僧德誅重修詩見藝文

安禪寺八都唐時建明嘉靖僧福昕偕宋淳熙年燬里人楊照臨復建捨租七百把爲香燈之需

法會寺八都撳水唐太和二年建明嘉靖二十三年僧福昕葺偕嘉慶二年燬三年知縣魏燮龍倡捐改建樣溪水尾內建文昌閣

淨心寺十都潘街唐乾符二年建明隆慶五年火萬歷元年僧安常募建

多福寺 九都宋咸平十年建今廢

大覺寺 十都鷺峯下宋咸平七年僧定吉建明天順二年僧戒銓修詩見藝文

化成寺 十都下漈宋興國二年楊俊捨址僧智喜建天順五年僧方渠修道光十年僧月明復修

勝因寺 十都上漈宋咸平三年建邑人吳怡捨田壹百三十畝吳溥捨田四十畝以作寺內香燈追薦因年久寺傾嘉慶十八年裔孫公選一桂等重修道光九年僧志高復建外堂及兩廊大門

覺林寺 十二都臺湖山宋興國元年里人李尚初建併捨粮田山場入寺以作香燈之需成化二年李永福同僧廣愛重修康熙年間燬雍正五年李昌發李應星等復修

天真寺 十二都栢波閶宋咸平七年建

梵安寺 十二都葛田宋咸平四年建後廢乾隆年間僧元璧重建詩見藝文

廣教寺十二都宋咸平間建今廢

觀

薰山觀今廢

庵

萬壽庵豐山門外崇正五年邑人葉銘等捨基倡建並捨田租壹百把入庵又吳攀桂等捨田租壹百把以爲香燈之需康熙十九年重修年久傾欹道光七年貢生余塏等呈請前令黃煥准將庵租公貯復修佛像一新詩見藝文

楓林庵東隅明崇正十六年僧寶華募建詩見藝文

準提庵東隅垌田下順治四年知縣李肇勳建今廢詩見藝文

萬松庵縣南三里康熙二一年邑人余世球僧咄泉募建詩見藝文嘉慶二十五年余世球派下四

世孫合建下廳

三楹並建大門

東振庵一都石記岱村康熙四十五年周姓象建

雲泉庵一都上管崇正五年建左有大士閣右有華光殿詩見藝文

司理庵上管

南峯庵上管東溪内縣大一公行祠匾

勝隱庵下管廻龍山年久傾圮嘉慶三二年葉發民建詩見藝文開墾田畝赴縣呈明免買官穀

道者庵二都

靜室庵二都周墩一在九都新窑

龍會庵 二都橫坑康熙三十二年建

東陽庵 二都

源隆庵 二都順治十七年邑人王京維僧東榮建詩見藝文

慶雲庵 二都底墅

復興庵 二都賢良嘉靖間建康熙四年復建

雨花庵 二都明崇正間葉舉建詩見藝文

福興庵 一在二都黃沙康熙十四年建一在西川康熙三十年建乾隆十二年張從秀啟瓊募修

清風庵 二都萬里林頂今廢

東華庵 二都南洋元延祐間建康熙戊寅重修

西峯庵二都新村道光四年重修

碧泉庵二都竹坪留香兩村合建

烏石庵三都

百花庵三都祀黃十公歲旱祈雨立應山多花木奇巖峭壁相傳有神仙往來詩見藝文

伏虎庵三都伏虎山下元至元間建康熙七年僧法如重修後廢乾隆間僧心燈重建庵前怪石古木秀色可餐又名雙溪庵詩見藝文

清隱庵四都宋祥符間建順治八年僧敘慧重建詩見藝文

龍濟庵四都詩見藝文

天堂庵五都明崇正七年僧成道建詩見藝文嘉慶十四年燬道光四年里人張振芳重建並裝

塑佛像併將庵內原管土名尭峇岡田租捌拾貳把又曲塆租捌把仍歸入庵以作香燈完糧之需

百丈庵 六都百丈山馬仙飛昇處順治十年火僧體明重建續因僧人不法帶據逃走糧稅無完庵産蕩廢乾隆三十年邑人吳又浩吳宗聖季建忠張德配葉上蓁黃廷樹吳光玉楊芝蓀等控歸入庵重新修理知縣羅岳珪斷令此庵界連三邑不用僧住惟招誠實廟祝看守庶省派費以免敗壞浩等遵招張勝萬住持乾隆五十八年勝萬將庵餘息復行重修並增建觀音堂嘉慶十九年邑令譚正坤又諭吳又浩等後裔吳元栐吳遇辛季士模張秀挺等經理仍招安人任持庵外新造灶房觀音堂側增建羅公祠道光三年廟祝毛元起砌甃平坑屋後嶺百有餘丈至今庵內香火尤盛現招董韶學住持管守其庵田坐稅陸拾畝零山坐稅九十九畝零六釐一山坐監廳土名山茶林一山坐落菖蒲洋一山坐落潞花洋一山坐落牛嶺土名牛塘坑一山坐落平坑土名十二井一山

坐落奶圳土名嶺坳一山坐落小關村水犀土名桃彎

普濟庵百丈山半嶺又名平坑後廢將庵租盡撥百丈庵詩見藝文一在角門嶺橋頭

山岡庵三都順治五年僧勝白慧猛募建詩見藝文道光十年僧湧年重修併建樓房

福慶庵八都槎溪西山下康熙四十一年建嘉慶二年知縣魏夔龍倡修

慈容庵九都竹口蓬塘洲明崇正甲戌年僧海崇創建詩見藝文道光六年僧德緣積貲重建外堂又置買庵左土名官路後山場一處

海會庵竹口水尾明崇正間建詩見藝文

青峯庵九都青峯山絕頂明天啟元年重建順治十八年僧正華修詩見藝文

亭湖庵九都黃壇村神農廟後詩見藝文本里介賓季上璧獨建大門

龍興庵十二都姚村郎福善堂前明崇正十三年建

盤石庵十一都詩見藝文

董庵十一都槐源

般若庵十一都

堂

無疆堂縣治東隅創建事實詳註馬夫人廟

雲鶴堂縣南來龍山舊名集善堂又名鉢泉庵元延祐乙卯邑人姚濟八建明天啟三年僧普珖重修崇正十四年僧統啟增外堂及西樓康熙五年僧永淑重修雍正五年姚叔懋捐入右側堂基一備並捐六都淤上峰村田貳百餘把爲香燈八年並十二年僧心奢將上下兩堂移建右側有詩

六如堂東隅明正統元年葉德一建萬歷二年冬葉荷重修詩見藝文

石獅堂上管詩見藝文

福興堂下管元至正元年潘元鼎建內供諸佛外祀土神盧相公康熙十一年閣村重建乾隆六十年增建詩見藝文嘉慶十八年兩堂同祿二十年本里吴恒魁吴建謨陳坤吴克耀八班重建

福善堂下管龍鳳十一年里人吴順卿建崇正年間吴廷殷修詩見藝文

白蓮堂下管小濟龍鳳三年本里有女名白蓮捐建因名又名報資詩見藝文今廢

凈信堂二都周墩詩見藝文

樂善堂二都南洋順治間建道光元年重修

善慶堂四都明崇正年間江文蒲建左爲馬仙宮右爲江氏祠

正信堂八都槎溪村康熙二十年建嘉慶四年重修

福現堂十都

正信堂十都

善應堂十一都

古佛堂十一都槐源村

勝明堂十一都

正應堂十二都

崇興堂十二都西邊村乾隆年間建道光住持僧徧照捐貲重修

集善堂十二都河源村

觀音堂一在東鄉二都五大保康熙二十五年葉元星等倡建乾隆五十一年葉發良重修道光元年葉福海倡修加建火廂一楹一在西坑村嘉慶二十一年邑人捐建里人吴其珍妻王氏葉氏捨入水租五拾把一在楊家樓村道光四年建一在三都泒石坑尾乾隆四十五年周宗紳等募建一在四都梟橋頭一在八都赫蘭隘一在九都埠梁橋頭皆置田産以爲往來茶火之需

綠波堂二都青草乾隆四十二年吴世吉仝子吴兆瑞建復捐租壹百把爲茶火需

甘霖堂二都梧桐嶺乾隆四十七年吴兆桂子星海倡建復捐租五十把爲茶火需詩見藝文

祖慶堂七都呂源

宫附

景星宫東隅上倉宋景定元年建後改造靈陽行宫今廢

北斗宫二都

馬仙宫下管明萬歷三年里人吳道揆等建內祀馬夫人外祀諸佛嘉慶七年閤村捐建下堂及兩廊大門

永安宫二都

二仙宫九都黄壇蟠龍山頂

仙樂宫二都賢良道光七年衆建

殿附

上清殿竹口邑人劉廷璧捨址建

三元殿在石龍山

陳泰鄉龍安社殿十二都姚村村乾隆九年里人捐建
一在九都崔家田
盤根祖殿十二都山頭龔等村
永安殿十二都姚村道光二年里人捐建
本里監生邵安仁獨修殿前大路貳百餘丈
觀音殿二都楊橋村
練國潛建
芙蓉殿二都黄壇兒村

叢記

宋紹興間坑西源口有雉精湧水爲祟啄于山邊廣數丈至今不毛止于大松松亦曲垂如鈎自侍郎胡紘生遂歛伏不發後紘讀書遊學有童子爲之挑燈負笈隆興甲午紘入京師取應亦與俱焉及掌中銓持金酬之其人曰某固非人乃公村前老雉所以不憚勞悴服事公者非爲利也欲假公以邀封耳紘詢其所欲荅曰縣東一百里赤岩之下有三井焉峭壁懸流深不可測吾欲此與雲雨以濟一方耳乃白其事於朝至今歲旱以

鷄犬投之泉立湧出雨亦埀至人稱爲東溪老龍

縣西南八十里有張天村居萬山最高處山嶺有平地十數里平地中又起一小山山上有地數丈氣嘗蒸蒸大雪不積地方官呵道過其地者率不利亦異事也

康熙十年歲饑二都人有至縣負米饍母者早行欲如厠置米門外及出已爲人竊去遂投水死須臾雲起雷大震一人跪死路前乃卽竊米者

乾隆六年秋邑有虎患邑令鄒公詢於吏欲召獵者捕之吏對以山深未易捕禳於神可祛也鄒公詢何神最

靈吏乃以土神吳三公對鄒公郎齋沐撰文敬告其神
是日安溪村吳氏婦果於屋後破柴無意殺一虎而害
頓息鄒公乃以殺虎顯靈并書其由懸匾於師公橋
乾隆七年知縣鄒公儒建對峯書院傍有舊墓一塚碑
記明故南平尉張公之墓與周垣相逼欲改扦之因以
牲醴撰文親告其墓扦於南山之陽及墓啓見誌石一
塊字多剥落難識惟最後四語猶尚可讀其文云東魯
嗣音書香此熾南山可移壽藏終吉公讀之不勝駭異
不特建造改甃二事已明言之并其姓氏及扦甃之地

皆明明指出九事前定非人之所爲也文云吁嗟乎張
清河之芳生於明代仕在閩疆何年羽化於茲兆藏人
稱野塚地比北邙歷數百年見者悲傷我念松源士氣
弗揚欲磨頑鈍化作精良因謀席舍以資修藏卜肇其
基於茲允贓惟君兆宅適逼其旁人鬼混雜吉凶相妨
君魂靡定我意徬徨爰卜佳辰丙午之剛爲求吉壤于
南之岡酹以清酒炷以馨香潔牲三品哀詞數行敬告
墓前君其來嘗嗚呼鴻鈞渺渺大造茲茲何非天地到
處安康君其達觀毋太拘方君其曠懷毋戀其鄉

慶元縣志卷之十二

知慶元縣事吳綸彰重修

藝文志

記　序　傳　賦　碑　奏文

箴　詩　前志序錄附

詩以達意文以足言非苟爲炳炳烺烺務釆色誇聲音也凡山川橋梁學校祠宇詩以咏之文以紀之美斯愛愛斯傳矣其詩傳其文傳而其地其事亦與之俱傳孰謂文章小技可聽其散落乎慶邑藏書甚少前代遺編經先輩所刊錄者已剥蝕無存惟篇章出

自近代紀述存於邑志者尚有可考今擇其卓然可紀者付之剞劂以備觀風者採擇焉志藝文

記

建慶元縣經始記

知縣　富嘉謀

處統縣有六龍泉距處爲遠而鄉之松源又距龍泉爲綦遠地居浙東之極其高而下下流水四注而湍急其巉巖之峰谿谺之石屹立於甌南閩越之交嶺複而益峻道隘而益險有戶萬計願爲邑者有年矣其居幽遠足跡未嘗至縣有不得其所者令有所不聞凡豪民之

武斷賦役之不均斲訟之不平其能自辯於令之庭乎慶元丁巳民以狀白府請以松源一鄉益以延慶鄉之半聽置爲邑聞於郡刺史達於朝時冬官貳卿胡公紘松源人也爲丞相京祈公所推重首言建邑便祈公深然之冬十一月詔可錫名慶元宜得才智士經始之乃不以嘉謀無似俾之首膺其選丞相大書縣額以鎮兹土始鑄縣印俾嘉謀躬佩而往越明年三月既望至是領畧山水宜爲治所者獨薰洋平曠而殊勝剏地撑厥中鎮以龍山印以龜潭遂卜地於兹建縣治若迎詔頒

春若庚犴囹不咸具丞廨在其東尉廨在其西縣學在其北邑之內楹坊一十七所乾之維則有社稷以春祈秋報坤之維則有教場以閱武治兵乃廟司城於東乃橋廣渡於西乃開山通道於福而行旅者得由坦道乃闢地鑿崖於安溪而入邑者樂出其塗皆山經地志之所未有埔松源之官賦積逋者一萬有奇嘉謀請於郡太守趙公離乎其半益之故其成益速民亦樂輸而爭先嘉謀非智創之才凡十有二月而從今治方析邑命下咸謂締創之事古人所難今備材不素雖用民力懼

歷稔而無成時有木數千章在深山窮谷既巨且艮天
久不雨一時暴流漲溢皆蔽溪順流而下亦異矣而又
田穀屢豐田里𤋮然豈謭才所能集天實爲之也嘉泰
元年十月既望記

築慶元城記

九江兵備　陳　桓

春秋凡城必書志譏也如城中邱城郭城楚邱之類是
也然則楚令尹孫叔敖城沂非歟又曷爲與之以其不
傻費不違時不專封故平板幹稱畚築程土物畧址基
其餱糧度有司事三旬而成所以與之也慶雖小邑地

界閩浙之間爲盜賊出入之區其利害當東南之半平川陳先生甲辰蒞於兹乙巳春首剪劇魁再殲餘黨共慶一方得安先生曰賊平一時幸耳然匪城則衆罔與守非備則賊罔知懼盍城諸且士兵備之以爲久安之策乎迺聞諸當道報可以廢寺貿價售力爲之不逾年而成樓堞門鍵延袤相屬如鐵甕如金斗四隅矗然紛堞岌然煌煌哉百里之壯觀也夫用取諸廢寺則費勿後力取諸售傭則時勿違謀協諸當道則封不專其在昔孫叔敖之選歟在春秋當大書以予焉者也先生今

內召秉政有日將見以禮治天下辨尊卑明貴賤別等
威以杜絕凌僭設無形之險鞏宗社之基此又先生守
城之大者今日之記豈徒哉嘉靖庚戌三月

重修儒學記　　　　鄭師陳

國家法古圖治建學爲先以故天下郡國州縣莫不有
學誠以學校爲陶鎔之地賢才之所由出也慶元隸浙
東爲括蒼最爾之邑宋寧宗慶元三年始建學奉祀有
廟講學有堂諸生齋舍會饌之所靡不具備正統丙辰
秋邑侯鄭公昱判簿王公昷以聖賢塑像已久重加藻

繪廻廊繚垣增以粉飾由是其功克全先宋令富嘉謀
創於縣西之濆田上邮元季厄於兵燹尋知縣馮義復
興舊址國初時裁慶邑爲鎮隷龍泉迨十四年復縣治
知縣董大本卜於就日門之東地勢平曠厥位面陽廟
宇煥然一新矣然歷歲愈久不能無傾圮之虞宣德丙
午冬知縣羅士勉教諭宋觀進繡衣王公郁爰始規圖
命匠起造戟門闢兩廡櫺星暨坊門一皆鼎建越五年
庚戌夏余來典兹邑教見文廟講堂諸生齋舍棟楹榱
節俱已凋朽剝落隘而且陋非所以光樽俎而振文教

也於是謀諸大尹程公義和等議果合遂自繡亟三山張公重加修葺復還舊觀嗚呼功之巨成之必難鑒之前古以至於今作者非一人述者非一手今日之所爲乃繼前人所爲其所以繼今日而爲之者又有望於後人繩繩相繼庶不負前朝崇祀之典興學育材之意也

旹正統三年三月

詠歸橋記

慶元僻處萬山之中一水環洼界乎縣治之北學宫之南凡遊宦之車馬而民之擕挈行旅之擔荷越是溪者

惟筏竹代渡而已至於春夏漲浮奔流跳浪爭趨疾渡者有蹶踏傾覆之患黌宫師儒往來昕夕其慮尤切天順庚辰秋欽差中貴臣羅公常謁學宫視其溪阻謂衆曰水有橋梁民不患涉亦王政之一端况學宫間阻而勞師儒往來涉渡乎遂捐貲掄材鳩工伐石邑之民士歡趨樂助經始於是年八月落成於十二月長跨若干步橫架四十一間高結簷牙以蔽風雨所用緡帛以千計倚勢吞波鯨飛虹卧凡車馬之行攜挈之便擔荷之安無有蹶踏傾覆之患者皆公賜也師儒來遊來歌恍

君風乎舞雩之詠因題其橋曰詠歸慶元知縣張宣等
來請曰昔汴州作東西水門而昌黎有記郴州作東亭
而宗元有文今撥節斯土橋梁旣成頌公之德非文何
以傳後乎予塞其請而記之使百世之下因其文而推
其德莫不知公之所以利濟斯人者千百世而未艾也
天順四年冬十一月庚子

竹口公館記　　副使　夏浚

慶元素號難治多寇亂非其土使然無亦所以示之義
以輯民者或未盡歟前此巡坑惟責之縣官兵憲副使

冲庵歐陽清乃采衆議使𢰦僚一人專領其事開署竹
谿以蒞之蓋竹谿尤慶元要害爲龍景政松浦諸路之
衝於此設官建治控禦聯屬固易惡遷善之幾穫牙童
牿之道也嘉靖乙巳春寇大猖獗知縣陳澤首倡義兵
平之會浚奉命備兵浙東行部至𢰦澤以職事來見因
謂之曰平寇非難必也使無寇乎澤對曰固司牧者之
志也遂宣白前議浚乃謀之分守少叅葵峰黄公光昇
請於代廵巑山高公懋檄同知文公章以往立保甲法
脩武備懋軌物遂營竹谿以事上焉工既成爰記之以

終司牧之議

譙樓記

熊懋官

臘月二十四日晡漏五下方徹火起自西隅逼近縣廨之右予披衣起索冠對火九頓拜禱諸城隍之神祈默佑焉時西北風正熾揚燎冲舉不可撲滅時將延於譙樓樓側一民居急號人毀之緣其家搆重屋而多藏勢難遽拆未畢數椽而火已及仰聆譙樓煙光輒起業已不可救止又稽顙重申前祝俄頃間風伯息威燧人息焰隱隱悠悠若明若滅直有欲燬不燬之意予因而喜

曰茲可以力救也遂懸賞格招市人開廨後之門汲水
蓮池中且潑且撲不半餉而火熸樓完僅燬右方之一
角民間焚炬亦此時報止予始拜手而退自謂人力當
不至此必神幽贊我也閱數日虔脩祀以謝二廟之靈
隨鐲贖鍰簡執事鳩工庀材葺而新之幾一月而功成
規制視昔益偉予曰噫嘻茲豈偶然事哉夫息熖於方
熾而樓賴以全補綴於倖存而民得不困則神之福我
與我之殫厥心者實兩無負也萬歷二十八年記

遷學記　　按察使　何　鏜

今天子嗣統改元令天下有司務飭勵賢才崇鄉黨之化所在推行詔書德意於時浙東分守道恭議勞公行部過邑中謁見廟學僻遠且廢喟然興嘆檄行改圖故邑令彭君與顧君偕上議以爲建國居民育材先務慶固巖邑厥有忠信往昔童科釋褐代著聞人今兹希濶殊甚人文萃止宜於國中所宜遷建一也舊學須涉兩澗行往艱阻實生厭怠又宫墻茂草瞻仰凄落非所以興起肅敬而使之樂學所宜遷建二也往昔橋多圮壞所費不貲今積鏹併力移植舊宫半克新葺又鄙基塍

舍址不他貿稍事裨補旬時可以底績所宜遷建三也
況卜地兆吉人心景從傾否亨屯實惟其會所宜遷建
四也愚誠以爲宜改建學宮於邑治東偏故總鋪地不
給益以裁減邑丞宅舍又不給益以邑倉美地且庀財
故宮度支橋費當不益損帑藏而閭閻召役咄嗟可辦
官師寧宇四方嚮風宜無不可爲者書上僉分守鄧公
始下車輒可其議期即施行之而郡理杜公攝邑務往
來蒙田又時時推轂其事於是朱君蒞任即再上書願
卒前議是學也南直巾峰北負五雷諸山泉流環廻抱

宫墻而北注大川帶遶於後龜石砥於中流龍潭滙於西麓巍巍洋洋誠風雨之交陰陽之所會也由是而人文肇起鄉黨彬彬多文學士異時騰茂實以樹勳名將與上國比隆實惟今日始基之矣隆慶三年記

槎溪橋記

兵部侍郎 鄭汝璧

慶括巖邑也地當閩浙之交而八都離城二十里水勢洄漩蓋水口所關爲邑孔道也舊有橋興壞不一正德間邑令何公鰲架木爲之至萬歷甲午歲水大發橋壞無存春夏之交溪流迅駛墊溺者衆往來病焉鄧公顧

瞻與歎以此舉爲不可緩乃捐俸首倡而鄉之士民咸樂助之疊石爲墩者五每墩高二丈濶半之覆屋二十七楹甓甃精密結構堅固民有攸濟矣橋成走使徵予爲記余曩遷官之閩道經松源見其山水明秀意必有異人出於其間及稽載籍在簪巾山獻瑞佳氣浮空若彩橋然以故狀元劉公知新尚書陳公嘉猷後先崛起焯然至今有聲邇年以來因橋壞風氣不聚人文寥寥有由然矣是橋之成水口有鍵多士生於其鄉足稱俊雅又得公振作之豈無紹述之思繼二公而興起者乎

官墻而北注大川帶遶於後龜石砥於中流龍潭滙於西麓巍巍洋洋誠風雨之交陰陽之所會也由是而人文肇起鄉黨彬彬多文學士異時騰茂實以樹勲名將與上國比隆實惟今日始基之矣隆慶三年記

槎溪橋記

兵部侍郎 鄭汝壁

慶括巖邑也地當閩浙之交而八都離城二十里水勢洄漩盖水口所關爲邑孔道也舊有橋興壞不一正德間邑令何公鰲架木爲之至萬歷甲午蜃水大發橋壞無存春夏之交溪流迅駛墊溺者衆往來病焉鄧公顧

瞻興歎以此舉爲不可緩乃捐俸首倡而鄉之士民咸
樂助之疊石爲墩者五每墩高二丈濶半之覆屋三十
七楹甃甓精密結搆堅固民有攸濟矣橋成走使徵予
爲記余曩遷官之閩道經松源見其山水明秀意必有
異人出於其間及稽載籍在晉巾山獻瑞佳氣浮空若
彩橋然以故狀元劉公知新尚書陳公嘉猷後先崛起
焯然至今有聲邇年以來因橋壞風氣不聚人文寥寥
有由然矣是橋之成水口有鍵多士生於其鄉足稱後
雅又得公振作之豈無紹述之思繼二公而興起者乎

信有之則古云地靈人傑非虛語也公其大有造於慶

哉

張大夫記

教諭　葉文懋

張大夫治慶甫踰年擢守貞安去慶人聚族而祀事之

屬記於文懋以懋知大夫深也懋聞古制凡有功於民

者則祀之志報也大夫之廉之明之惠難以枚舉而要

其至大者莫若爲慶鹽包引納課之一事蓋慶元僻處

萬山舟楫不通凡商鹽到慶多以脚重價騰滋害民間

且鹽捺散鹽户逼取盈價致鹽户典賣以償大夫目擊

民艱親詣行臺陳獘願免官以除百姓害鹽臺司其請遂每歲撥慶元三百七十五小引准納課銀四十一兩八錢二分永免商人置賣聽民從附近官鹽採買就食此法一行上不虧賦下不害民中不累商慶民不啻出湯火而登衽席此其功在蒼生誠沒世而難忘者也君夫罷里甲華火耗蠲贖鍰節財用眞若慈母之於赤子寒而絮餧而哺蹶而持恩勤罔極以故民喜其來憂其去願伏闕借寇者以千百計臺司上其狀以格於新例不得請無何而眞安之報至矣士民計不知所出去之

日深山遐陬靡不扶老攜幼遮泣卧轅下道為之塞境內外在在張筵驪歌三疊自僚屬以至厮輿無不流涕父老有贈金佐道里費者大夫卻不受僅舉一觴亦嗚咽不能勝與當年劉寵事千載如一轍吁亦難矣哉於是鳩工飭材肖像樹碑葺牆垣飾堂宇而又為之置祀産以垂永久凡以報功報德於無盡匪直識去思而已也嗟嗟今之銅章墨綬稱長吏於一方者豈少哉在未必留去未必祀冀其留者見在之民心也崇其祀者去後之民心也見在之人心易得而去後之人心難要由

去後之人心以驗見在之人心而知其祀之也既勤則其留之也非强大夫操何術而得此哉他年慶之人或苦於刑罰或廹於徵求必且奉香泣愬於大夫之祠曰吾民也安得有如我公者而覆翼之卽後之宰慶者亦將曰前事之不忘後世之師也安得不以公之撫循者而撫循之然則是祠也豈直歲時伏臘之祀哉殆將有望於後之紹美大夫者也大夫名學書字善政正宇其號也廣西平樂人

百丈山記　教諭蔡文懋

百丈山在慶元縣西北三十里五代時馬氏二女修煉於此丹成仙去邑人於其地立祠祀之壬寅夏予以禱嗣往是日天朗氣清嵐光杳靄林木蕭森令人生秋思鳥道嶮巇逶迤不可方軌步行約十里忽霧起峯頂如垂黑幕須臾而雨濛濛下矣咸謂此處不陰則已陰則必雨雖皎日當空而片雲靄起風雨驟至以有龍棲故也又五里緣崕於上臨深履滑至百丈庵時浙閩男女進香者日以百計香烟如霧金身爲之黑爐不容則爇於岩口道人引訪鏡臺臺在庵左由石磴百餘武即飛

昇岩見崕壑白霧瀰漫連天一色岩石有三狀如龜形有馬蹄剪刀屨痕突起寸許眞仙蹟也岩外四山環抱中爲深壍谿止百丈百丈特約言之耳時霧收壑見水如飛濤爲龍湫巖下有十三井今止見其三遇夏則龍棲焉氣候常如深秋不知有暑踰左岡有捨身岩一石如砥方廣丈許厚不盈二尺突兀而出若斷猶然俯矚益深峭可畏登之若凭霄御空設丹搆一亭可容徙倚其遠眺更當何如語云山以仙名水以龍靈百丈兼有之矣歸來輿中暑氣侵人覩路入山迥若冬夏之隔雖

陰晴不同亦地使然也日晡抵署漫爲之記

鼎遷儒學記　胡若宏

新建學宫於就日門外城隍廟左崇正四年十一月伊始也粤考慶志學始於宋慶元三年在縣北瀆田上村迨洪武十四年遷縣東就日門外與今建地相去半里許天順間仍遷瀆田後嘉靖初築邑城學隔城外二㵎相阻有咏歸橋屢爲水决隆慶三年乃請移城内舊址麗水何公諒鏜記文甚悉迄今天子嗣統二年乙巳仲春予來署學不惟衙舍鞠爲茂草卽聖宫明堂啟聖僅

存桯立余目擊心寒誰非名教中人奚忍令其荒涼至此乎越明年庚午秋閩連江陳公諱國璧新涖兹土甫下車不勝嗟嘆不旬日即圖修葺因觀學址地勢卑下譙樓高壓居宅逼人兼以古墓叢林障蔽朝秀所以人文寥落青衿數不盈百扶輿之不靈可知矣遂遍擇佳址惟有城隍廟左四山層聳左右文峯捧漢直泮宮佳地也與其因舊補葺而爲聊且之計何如更新遷建而垂永賴之圖乎於是請於當道分守姚公諱允濟分巡王公諱庭梅巡撫陸公諱完學提督學政黃公諱鳴俊

咸報曰可陳公遂捐俸經始幸闔邑士民協心矢力聚
毛成裘不蹈道旁之築且任事一十六人吳廷殷周世
紹鮑德祥葉觀生吳汪吳道光吳道文吳邦允姚國彩
姚從讀葉啟昌葉春色葉任生吳逢烈葉春郁陳光大
等鳩材督工勤勞公務至壬申暮春告成
聖宮視舊殿高五尺餘周圍濶三尺餘明堂之視舊制
其增益亦如之祀啟聖公於宮後列鄉賢名宦於儀門
兩旁齋舍兩廡俱已成制樹欞星三門設門屏於門外
左坊題騰蛟右坊題起鳳蓋黌序應有者俱依制創建

是役也以庚午仲秋建議辛未孟冬經營壬申孟夏告竣時庠生欣欣相與樂成徵記於余余思國家建學造士得才爲盛今皇上察倫敦化詔廸膠庠不啻諄懇頃者國步多艱所推轂折衝禦侮出將入相者誰非庠序中人昔孟子論士曰尚志論尚志曰仁義又曰士窮不失義達不離道士之所以爲士孰有踰於此者故建豎廟貌使先聖賢之威儀不替者父母也建豎仁義使先聖賢之名教不墜者諸生責也爾輩誠求所以無愧乎其志而於窮達也無隕穫無充詘則措之天下國家益

精明卓偉蔚然足以名世庶不失建學造士之盛心也

夫旹崇正壬申秋

重修城記

知縣 楊芝瑞

邑之有城以設險也慶僻萬山險矣奚又城之且慶爲括末邑括十屬不皆城而慶又奚爲獨城之以固險也余以庚辰歲杪來令玆邑詢三老得城之詳始築於嘉靖之二十五年備山寇也再修於嘉靖之四十一年復備山寇也嗚呼歲未一紀而大變兩作地其危哉至萬歷十六年水災詹公乘龍增築之及余受事時閱五十

餘年矣其傾圮而豕牢內外可比手相引也設險之謂何余心深危之因以增高議小民且嘖嘖曰吾邑僻且瘠何土木之煩爲余力排衆口又獲幕廳鄭君決謀焉捐貲爲倡以答聖天子重守令煌煌四事之詔意是歲春于又以刱復石礎高鵲棘蘭甕田烏石馬蹄六隘彼時舉工匠役不給遂延時及冬城僅竣事而偵者以嘉寧山寇千餘報予飭兵登城者越朔望且身冒矢石斬馘百級幸死全無恙茲役與國社稷之靈然非城可恃乎慶爲龍泉前車矣於是慶之士民始慨然趨事合邑人

而輸之約得四百五十金提聞復於當事給庫銀三十金而竟城之工匠合計一萬七千十八工用大磚九萬六千有奇瓦倍於磚十之一至如炭鐵木竹類應百七十餘金其增於舊城者樓五座女墻則以三尺益之東南則以二敵樓壯之四隅則以十二窩鋪周之日月則以辛巳夏月至壬午之冬暮終之大約貲以千金爲概邑人之捐輸與取於庫者僅及其半耳自是雉堞一新稍有成備予之拮据雖未敢告勞姑誌之以聞後之君子同志者乘其未虧加葺焉不至如予之勤倍功半拙

於告成庶有當於先王設險之義云爾崇正十六年記

六隘記

楊芝瑞

余不才庚辰蒞慶時雨雪邀林越兩學博登城北望京樓因詢利病兩學博以壽寧山寇爲慮東鄰壽寧惟石壁最峻舊有隘隘有基今廢矣余心識其言越辛巳元旦甫兩日遂躬履其地得故址焉昂崇君天塹可萬人敵也搆數椽爲守者地不月而功告落復有憂者曰壽之至慶有兩徑石壁爲孔道喜鵲其南也備一未周如窺伺何余復爲之計爰議輸於邑人僅給其半余給其

半亦再月畢事其時異議者皆謂予勞民也是年冬賊果千羣至邑人相顧驚懼爭趨入城爲堅壁請余笑曰兩隘之設政爲今日耳毋譁言其視予馬首所向後命者有三尺在遂長驅至隘賊亦蟻聚隘下而我已據險矣相持兩晝夜賊洶洶獮引而上斬其六級馘兩奸細賊怯遂他徑去龍泉肆行焚刼括屬爲震驚邑之人乃懽呼於道以余築隘爲得計遂紛紛以隘請焉越壬午春余徧歷四境西與松溪比者棘蘭也命葉承登董之南接政和者𪊟田也命生員吳文暉糧長夏應國董之

城以西有烏石隘貲皆出於余城以南生員吳世臣吳貞明吳康民吳運啓蜚所創建者名馬蹄也今則外六隘内百雉崔嵬相顧邑之人心可恃以不恐余亦庶幾守土無忝云

重建棘蘭隘記

吏科都給事中王益朋

順治辛卯余受知於龍泉徐使君湏列賢書明年冬仲應公招説劍函丈從讀書暇欲泛觀鄰邑山水之槩於是獲探龍門丈之背見其山巉巗其石嶙峋三面壁立獨西北一綫爲周行孔道然界連閩壤山賊時發嘉

隧間縣令陳設隘於入都之棘蘭蓋以控扼險要束制咽喉也嗣後歲久就圯崇正辛巳楊邑宰因其遺址會復創焉冬杪劇賊張其卿等直抵隘下見其險阻有備倒戈而去至鼎革時此隘又歸灰燼羣盗仍肆縱橫當其時往者來者商者賈者咸畏足不敢前竟視康衢爲畏途勢不得不借道於山徑然崎嶇嶮巇攀藤附木露宿風飡不勝其楚所謂不備不虞不可以處非歟𡧍子且月括蒼周公祖奉命督徵案節其地低回久之乃蹴然曰斯隘也誠天造地設之險何殊趙之保障鄭之虎

牢蜀之劍閣齊之臨平魏國之河山也第善用險者當
使險在我不善用險者常使險在人君拜君之爵而無
以利於其地食君之祿而無以益於其民是具員也余
既濫刺茲郡常視十屬如一家而慶元今日之事莫有
急於此者其亟營之且戒曰毋下徵於民務蠲諸已由
是刻日鳩工庀材始其事於本年七夕甃石爲門門上
架樓樓基壘石高三丈許東西濶六丈南北半之凡八
楹公又謂有門不可無守者地復劍犨另三十礎置弓
兵十有八名晝則伺偵夜則擊柝有警則益以精卒其

規模經畧視昔更精且詳迄今已匝歲矣不惟風盜懾不敢窺且使居者思止其家行者樂出其塗賓旅逼而冠蓋不絶則有識者又未嘗不頌其功之如此其美且大也時余告歸讀禮適有事於括蒼慶士民謀記於余余不文姑述其始末云爾侯名茂源號徧來南直華亭人順治己丑進士來守處州治尚廉平而養老造士尤諄諄云若督工者例得書書於碑之陰

復建詠歸橋序

楊芝瑞

寓内多故守土者力竭催科即重務猶莫爲之應若夫

褰裳之患惟問諸水濱而已曠覽山川追維往蹟則如詠歸橋是也予蒞慶兩載諸凡建隘修城借民財煩民力以仰副功令免予罪愆者雖晰夕經營予勞也乎哉民勞也方幸黽勉告竣差得吾民優游共適而闔邑復有建橋之舉先是橋之興廢不一初創於元大德再造於明天順三造於嘉靖四造於萬歷屢造屢圮人皆曰波臣爲祟予曰非也人謀亦毖乃欲分咎波臣枉矣自今伊始於萬斯年維持鞏固往來行人不賦匏葉而賦周行則今所謂經營晰夕者民樂也乎哉予樂也苟利

於民何惜勞瘁凡我好義同心者請勿作橋觀是卽君子穀貽孫子之頌也求寧觀成敢計日以竢

補天閣記

兵道　呂　陽

昔上帝旣剖渾沌氏以其支節爲山嶽腸胃爲江河山曰積氣水曰積形高者爲生下者爲死邱陵爲牡溪谷爲牝凡山川蜿蜒者旺氣也奔竄不迴者衰氣也故硊邑孕旺氣者泰乘衰氣者否慶元爲浙東僻邑天爲山欹石不抱水離城數武而牝是爲龍潭兩水迅激有石孤峙於波中狀似巨鼇挾有靈氣肯堂楊年伯瞭如也

久之集邑之老者壯者賢而達者僉謀之曰余少讀漢唐史至其載堪輿諸書知青囊術百世所奇盍圖諸於是捐俸發粟為士民先遂鳩工庀材殫心畢力自草昧以來為斯石開其生面者則自年伯始自孟夏迄季秋而工落成其閣昂藏周以廊環以欄危簷峻極承陰廣霤中懸太極外列八卦曲梯盤紆玲瓏瑩透登臨嘯咏天宇空濶煙霧莽蒼仙桃巾峰諸山近在指顧間俯瞰溪流水光微茫諸鱗出沒若翠鳥浴波遠聽雲樹掩映蓊鬱籟聲盈耳日光注射偉哉觀也士德既維屹乎由

峙風氣聚於斯地脉厚於斯將使人文寖盛噫嘻天缺西北女媧煉石以補之兹邑虧西北楊年伯創搆傑閣奠坤維以挽天工豈曰小補云乎哉年伯曰諾是則僕榜閣意也遂書之石

楊公橋記

台州進士 陳函煇

邑治之北距城百武而近舊有橋焉其再創於天順間者嘉靖末爲河伯所潰迨萬歷初年復拓之尋就廢圮垂六十年於兹無有繼者姑孰楊公蒞任之朞月士民叩階力請復之公起謝曰請之誠善也但政有緩急治

有標本方今寇警騷動桑土之謀未備衣袽之計尚踈
未遑此也姑俟之惟是專志殫力繕城池創關隘練鄉
勇靖寇之餘仍築隄墾田修倉葺獄胥且經營次第畢
舉慶之士民復叩階請曰荷公締造百廢具興橋屬東
北孔道不可緩也且適當捍門尤爲一邑風水所關更
不可緩也願君侯圖之公輾然喜曰諾夫橋梁王政之
所有事也徒杠缺而國僑致譏川梁隳而單公以刺余
承之兹土不敢忽夫捍災備害一切利賴生民之道能
無内愧于心乎於是僉謀塔院上其事於道臺計工授

事毅然引之爲己任更捜橐中俸金伍拾兩以爲之倡而邑之揮鏹樂助者翕如也經始於癸未歲孟夏以是年秋仲告成中竪一巍閣東北分建兩橋架屋計十九間其長計二十四丈廣計二丈一尺棟宇莊嚴丹彩宏麗勢若長虹横掛於絶壁危淵之間葢自是而輿馬可通商旅可行褰裳蹶蹶之患息矣而諸山拱揖百派滙聚與橋相望不絶甚盛舉也慶之士民懽呼載道咸謂斯橋也其湮瘢於洪波荆棘中者已數十年而公乃拔蓁莽精區畫鞭海石一旦而鼎新之其規模視昔尤巨

麗焉非其勇於仁急於義殫乃慮疲乃形其能成此大工耶是以感之也深慕之也切相與識公之功德於不朽遂顏之曰楊公橋俾後之人顧名思義不且千萬年猶如見公乎

楊大夫記　　倪元璐

古之循吏其肖像祟祀載在簡編中者不數數得也如羊叔子俎豆襄陽范文正公繪像二州張文定之平定西蜀寇忠愍之享祀荆南此則光史冊而嘖嘖於人口者也今於楊公復見之公出[illegible]

賢胄孝廉爾台公則其令嗣也家學夙著代有顯人辛
酉舉於鄉庚辰冬拜慶元令歷癸未秋擢武定邦伯公
之惠政洽於慶民而慶民愛慕之也深不忍賢者之將
去我也乃協謀建祠於西北郭尸之祝之廟貌之以昭
盛德以識不忘祠成請記於予予考祭法有曰法施於
民則祀以勞定國則祀能捍大災禦大患則祀凡此數
者公奄有焉公初下車行城履隍傾圮就頽於是延鄉
士夫僉議遂鳩工庀材撤朽剜蝕計力程能竭蹷以圖
鞏固冒霜露暑雨戴星出入罔勌勤迨越半歲而工竣

公又曰慶之四周悉與閩接不亟設險猶開門而揖盜也即審要害創六隘以扼咽喉或峭依絕壁或深臨危澗所費不貲公捐俸以佐之則所謂以勞定國者非歟辛巳冬杪閩寇披猖攻掠鄰邑旋薄慶城公親督行伍擒殺之乃熄夫慶自嘉隆以來目不識兵者已百餘年一旦變生叵測乃卒談笑成功雖公胸裕甲兵亦繇闢疆講武訓練鄉勇其備之者素也則所謂捍大災禦大患者非歟此固其顯者也至於課文藝以造士陳詰告以甦民築坑壑堤以利往來建補天閣以培地脉定條

編以綏催科蠲火耗以節民財平税畝而均差役皆其班班較著者所謂法施於民者又非歟大抵公之爲人披肝露膽精勤敏練潔已愛民孜孜爲百姓根本計慮而是非毁譽皆有所不顧故治慶僅三匝歲舉百十年來廢墜之政旦暮而振刷之民咸頌曰國家三百年於茲我慶止覩此神君也余備員史館有年閱人多矣其果真心實政視國事如家事者如公有幾則斯祠之建慶之士若民信乎有不容已者進之古昔不特與羊范諸君子遥相輝映卽公儀子産汲鄭諸大夫直可頡頏

也巳公諱芝之瑞昔堂其別號云初授慶元知縣陞武定知州崇正癸未記

重修文昌閣記

里人　吳貞臣

康熙癸卯秋月辛酉有星光芒而白占者曰是宿爲鬣斧白爲除舊布新於占在天關位爲司祿攄茲星祥厥應當在濟水以北文昌之宫蠡絶欲更有事登椽乎是閣倡自別駕吳公建於明神宗間歷年既久棟宇隳剝非所以揭虔妥靈迓神庥而徼景福也爰聚鄉之同志者鬮議出貲由簍向豐於是板榦錐鑿不呼而具甚閎

自甍至礎工企始創三之一焉閣前鑿地瀦爲長池水影函天架石池中連閣如虹新卓三十二楹中設大門右爲大士居左爲繆公軒是役也癸卯冬朔興甲辰春之花朝竣事堪輿者曰閣乘子龍面平午馬山川之氣融聚故産多秀惠蔚爲名士燈火連帷宛然鄒魯之鄉苟非是閣鎖鑰文昌靈祐何以逮乎此哉事有奇蹟有異不克記述者士之恥也爰借筆誌其日月用告來者

城隍廟記

松陽進士 王汝棐

粤黄帝始城以居城隍之神自秦昉也後世遂有封號
凡興王之地封以王郡州邑封以公侯子男以故通得
祀而徧天下者唯社稷與城隍爲然社祭土以句龍配
稷祭穀以棄配其位皆不屋而壇非如城隍廟貌輝煌
巍然當座句龍棄以功城隍亦以功其所以異者何也
蓋陽明之屬恒與耳目相遭陰暗之屬恒與耳目相遁
於是世有多詐之人欲暢爲惡既畏有常刑欲勉爲善
又苦其非好也幸有所謂陰地焉暗地焉頗以遁其慝
於不見不聞斯亦其無所不至時矣豈知陰爲譽或且

陰曨之暗爲奸或且暗譴之是王度王綱所不到之處實藉城隍靈爽在焉城隍不怒而威不言而化使世人艮者多惡者少所以治世者毋臧刑法而獲誠和柳子厚所云陰翼王度暗助王綱是也慶之城隍先年邑侯董公大本建在東門外三百武古厲壇之右前面高山後枕長河即今二賢祠東頖宫之西也廟貌有蚼幾二百餘載棟宇頹墮風雨驕怒鳥鼠竄處神久呻恫辛丑高侯甫下車瞻謁時輒喟然嘆曰非神何以福斯民非廟何以妥神靈越二年癸卯春乃鳩材伐石給其餱糧

量其工役其址縱四十丈横半之周遭墻一百堵正廟築臺高三尺許縱四丈三尺横五丈二尺楹三十四高三丈二尺一寸後庭一棟規制如之儀門楹十二大門六楹左右百椽翼之兩廊各五間合三十六楹每間可十笏廟中大龕坐神金相左右列吏判案牘筆硯印匣斗大儼與縣治同制峻起軒翔甍其楹噲其正大殊舊搆舉不涉歲厥功落成侯且慮永事又出橐俸貿田三雙招心生慈隱二僧食其租入旦暮燃守燈香神道設教侯之意直深且遠也邑父老齋幣遥杖口誦述其事

乞余言以泐侯功夫侯之美政不可枚舉今此一端豈足以光榮於侯而獨欲余記之哉雖然春秋之文或特書或大書或不一書而繁省别焉侯既新其廟以妥神靈陰翼王度暗助王綱俾與句龍棄並祀不祧奕世無窮即此一端亦足以記侯之功矣侯關中寶雞人姓高諱嶙號陟雲以經行名當稱爲古誼循良君子也問董是役者誰曰邑弟子員乜人余曰是必錢中之錚錚者也

修造縣治衙舍記

知縣 程維伊

古設官分職以治事內置省部寺監外列百司庶府其
公廨私衙廣狹大小各有其制
上甲辰春三月余奉璽書來宰松源下車之日居於城
南庳隘民舍詰朝邑紳衿父老進謁於縣治曾目頹圮
過半復咨衙舍父老告曰先是丁亥廢於兵燹今寒蕪
荒址而已余仰而嘆俯而思縣令遠者三歲一更近者
一二歲再更凡事雖有宜作者少遲日月當卽去何必
改作顧余嘗讀古傳記白樂天自幼迨老若白屋若朱
門凡所止雖一日二日輒覆土爲臺聚石爲山環水爲

池其暫猶如此況余承乏是土所止者又非一日二日已也且也爲民父母而與闤闠亞旅雜處甚爲褻媟而非體故知事之宜作雖丁三空四盡不可廢也紳衿聞而是之於是命日者度材給其餱糧量其徒庸載鍤操畚者式歌登登不驅而麕至矣曰大堂曰兩廊曰麗譙危梁頹壁如破岑牟盡撤其舊葺而新之曰後堂曰川廊曰賓館曰土地祠甍棟楶桷皆巋然新構而加於舊制凡五十四楹其衙之基雖因乎舊而制則視昔有差曰堂曰室曰高樓曰小亭曰廊曰門曰左右廂曰內外

書房曰爨廚曰涸廁曰阜堦碁布繁瑣約之條之煥然
改觀凡百六十八楹繚以周垣甃以堅墈木斵而不丹
墻圬而不白工善吏勤晨昏展力越明年乙巳四月落
成是日也登樓鼓琴遥望犁天揷漢卿雲萬丈北之錦
峯也俯首吸川爪欲攫雲西之龍山也紅雲罩樹曼倩
目迷東之仙桃也雲錦簇空仙子七襄南之霞峨也琴
聲旣歇穆然興思或兆民未安思所以安之民之所欲
思所以聚之民之所惡思所以去之且思學漢古之循
吏鑄頑成仁若僅備員自逸徒用土木之多亦何所取

焉余之心力如斯而已若夫先天下之憂而憂後天下之樂而樂以俟之樂只君子則余豈敢又閲數月政閒無事於是乎書

重建竹溪公館記

縉雲進士　鄭惟飈

慶城以北四十五里古鄉曰竹溪即今之竹口爲越閩之岐摩肩一巨鎮也廬脊鱗如竈黔二千土旣磽瘠民亦凋瘵明初坳坑惟責之縣令尋兵憲副使歐陽公清乃采衆議使䆗僚一人專領其事開署竹溪以涖之蓋竹溪尤慶要害爲龍景政松浦諸路之衝於此控御聯

屬固貘牙童牿之道也嘉靖乙巳春冦大猖獗邑侯陳公滓帥義勇平之會以職事罷見兵備夏公浚遂白前議乃謀之分守少叅黃公光昇請於代廵高公懋檄同知文公章以往立保甲法修武備懋軌物遂營竹溪公館以事上焉迨

清順治丙申冬綠林竊發狠掠竹溪公館民舍盡燬於火男女剩命鹿奔露處莽藉中七閱星霜宵泣鬼駭非得神君出宰烏能斷肯綮利爲孽黎福咸運甲辰楚黃程侯蓀慶識在日上才挾風先悉心撫字德化淳深且

也兩袖淸風蕭然止飲龜水一勺以是八年之間荷

息行伍安蹐者起頑者廉逋者竭私囂者結舌走險者

自削其蹠邑之人士歌且舞焉膏之所沃雖荒谷幽陬

無不淪洽侯每過竹溪睞其宇址甩礫太息欲涕加意

招攜哀鴻復集結搆蔀屋駸駸攸寧庚戌冬侯獨捐鶴

俸重建公館上不撮公帑下不徵私鈔故執畚者繩繩

摻斧者詵詵輦土輸木蟻列而趨自冬徂秋梓者函鑿

築者闉鏬館門之外左建三楹祀關聖帝以示神武不

殺用靖兇氛右建三楹中祀文昌司命爲此鄉之人出

多秉耜入步橫經書聲弗和燹火不連故祀之以鼓舞
子衿辨志釋菜左祀宋給事中王公應麟此邦之先賢
不可不廟食也故祀之景行仰止以光川嶽先是西距
竹溪二里許名後坑爲行旅要道邑乘載有輿梁自唐
宋來不啻十圯戊申春復爲怒濤掠去渡者多悲濡首
侯益痛憫遂聯遐思棄其故址經營於下流兩岸礫磧
處斫石爲墩復倒俸橐付鄉之恪勤者任其事鳩工選
材用管子瀆不驅鹰至盡期而竣於是萬口同聲咸名
日程公普渡用誌不朽橋之西首創八角茶亭以頭陀

司鍇飲於行路四運不絶余近屬鄰封以耳侯三異三善之政今秋九月諸役告厥工成竹溪三四老人違跋乞余言記之雖鄙陋不文敢不拜揚良司牧之德意遂走筆應其請云

重修順濟行祠記

邑人　季　炟

順濟行祠夫人閩古田陳氏女也行十四生於李唐之大歷精巫咸術活人最多沒更靈異祀之臨水至宋封爲順懿夫人不獨八閩祟祀卽吾淛之窮鄉僻塢莫不尸而祝之而余城西之行祠高敞獨爲壟廟兇自辟邑

來凡疾疫或作雨暘或慾子嗣或艱無不於夫人乎是
求求而未嘗不應故闔邑士女羣爭祀之而祀事之盛
更超乎羣廟夫人之功在社稷福庇一邑不綦大哉其
祠創自何年余生也晚不得而識詢之故老亦鮮有能
言者僅傳以爲前重修於萬歷之二十七年則其祠之
古可知而報夫人之德應有與日月而俱長者郎起狄
梁公於今日亦知在所必存之祠非嫓也鼎革以來附
城祠廟半爲戎馬蹂躪夫人行祠亦間有兵丁授宿一
日忽倒懸柱上如綑縛然求之而後甦以故兵人遯跡

而清潔如故噫奇矣非天下之至神其孰能與於斯惜
歷年久棟宇摧頽風雨交侵過者雖抱修葺之念每慮
其工繁輙喟然太息去順治辛丑春家君命余與兄煒
煨總其事余退而撰疏告諸同志亦慨然共任其役以
年月不利遲至康熈乙巳秋乃得鳩工庀材以始其事
凡祠之内外兩楹各依前制止易舊桷其依人亭則改
造也東廊有礎而無楹西廊有楹而無壁余與諸首事
竭蹶協力朝夕省試易舊圖新爲之丹雘並飾神像以
煥人耳目人無不悅矣神有不來格而來享乎其工始

於康熙之乙巳七月四日竣於丙午之七月四日以如
此之工繁費浩期年而告成豈曰人之力哉實神之靈
也余與二三子其何功之有祗以報夫人之德於不朽
耳夫人之福庇一邑而惠及後嗣不益茂哉若夫搬運
之工均出社下余不必書揮鏹樂助實繁有徒書之梁
上余不勝書而總其綱者吳子美中與兄烺及余任其
事者周子亶明吳子履亨凡收支之數皆屬於予因得
知其工之繁而費之浩故不憚詳記之嗟乎物久必壞
自然之數後有作者能心余之心與諸同事之心是余

與諸同事之幸也夫爰作歌以祀之其辭曰桃溪灩灩毓瓊胎蚤識香名在丹臺抱魄凝神軼塵埃芸局石室長仙才銀函金字啟蓬萊火龍水虎一齊推西來王母白雲杯瑤姬姹女共徘徊駕鶴驂鸞戲九垓左召元冥右黔雷靈蛻乘煙更異哉丹詔遠從日邊裁歲逢女魃忽爲災香雨飛飛散九陔蘭桂馥芬傍雲栽禋祀何必數高禖降魔驅疫法恢恢膏傳續骨起枯荄廟貌重新西溪隈庀材伐石倚城開老穉歡呼動地來朞月落成何崔嵬肅然瞻拜景昭回爲祝教婦教嬰孩長作王家

廟廊材

建角門橋記

程維伊

自古分建郡邑莫不上應列星下隨地紀以爲形勝故泰岱峙於東而青齊顯衡霍列於南而荆揚著華恒分立於西北而雍冀名此其最鉅者也至若津梁之設又所以補天地之氣機聚山川之秀氣而大有助於文運寧僅係一方之利涉而已哉慶邑僻處萬山去省會千有餘里其民力田務本不事末作其士敦詩書習禮讓彬彬乎絃誦之風足與上國名邦媲美而三歲賓興升

諸司馬者寥寥無幾識者未嘗不扼腕而嘆慶士之難
遇也余治慶之六年歲在己酉偶偷簿書之暇與邑人
士登高遠眺四顧徘徊北望憮然曰士之扼於制舉非
無故也松源之水自東振迅而來至角門嶺而一曲邑
之文瀾於斯萃焉向之有其才而難遇者以玆水之洩
而不聚故若此若架木爲梁以接兩山之脉絡鎖一水
之瀠洄文運殆一助乎邑人士咸躍然喜曰善余乃捐
數歲之俸以爲邑人倡諸紳衿父老不謀同辭各効厥
力於是伐石庀材建橋於其上其工始於本年之二月

至明年十月而工落成望之如長虹亘兩山之間者橋之形也重簷飛棟鱗次而縱橫者長廊邃閣架於橋之上也巍然雙峙騫翥於橋之左右者麗譙之樓也修垣曲扉有亭翼然於石壁之畔者儲英莊也長川瀠瀠波折而内擁者溪之水流而復返也列嶂層巖鬱鬱蒸蒸互爲掩映者兩山之氣相生相續也而慶邑之山川庶幾從此其效靈乎雖然自有天地即有此山川自有此山川即應有此橋而不知建而建於余蓋亦有數存焉

余又幸遇合之奇也因樂觀厥成與二三僚友登斯橋

而瞻眺豈曰侈創建之勞哉竊于是而有感矣顧原田之膴膴則思不竭吾民之力焉溯清流之潔冽則思臣心如水而不使可淆焉觀其烟霞朝變禽魚上下則思與諸士切磨砥礪而期文教之成焉念夫負擔而往來息足於溪雲沙月則思阜吾民之財而比戶可封焉廻眺乎雉堞言左山而右川則思百里之寄上兒國而下稱民者無不周詳而審慮焉至於免厲揭之勞無胥溺之患又其最著者耳邑人士不忘余一日之功欲倣蘇公橋之意榜其橋曰程公余固辭之不得遂以是名

是爲記旹康熙十一年臘月之吉

續成慶元學舍記

教諭　胡　玠

慶巖邑也自兵燹後百廢具興建置各遵舊制獨學舍闕如向之敷教斯土者皆僨民房而與編氓雜處其始至則多懟于僧寮道院於戲鱸堂虎座徒擁虛名烏止鴟棲萍無定所良足悲也歲癸酉予奉簡書秉鐸慶地始托足於萬壽庵繼借寓於余氏書室遼隔城郭寒暑皆不得其宜諸生謁予而言曰昔者有居夫子得李邑侯之助鳩工庀材構造公署經始未終廢蓼

以去今寥寥數椽猶在飄搖風雨中遂而修之不猶愈於僦屋而居乎予曰學舍固爲公署然不敢以墾官帑又不可以擾民力雖修也而功倍於作歷陳徐兩君或有其志而力不逮或有其力而志不堅歐公云嗟我官居如傳舍其來久矣如予之不材曷足以樂其成諸生又進曰天下事惟吝與怯者弗克濟我夫子與懷觀爲懷實心任事而何有於區區乎聞言避之從是門指捐三十金付首事爲之倡而多士之好義者咸鼓舞從事矣爰集各矜其志木石各平其直匠役各優其[illegible][illegible]

諸生董其事同寅婁君總其成爲之闢其基築甬道繚墻垣完門壁開講堂構書屋前爲[illegible][illegible][illegible][illegible][illegible][illegible]凡庖廚湢室靡不具備且[illegible]地栽竹[illegible][illegible]花[illegible]而[illegible][illegible]而雅何之飄搖風雨者且可以攤書比坐著試矣是役也予更不欲以安居自隘其願尉將大堂並加修葺使植榮授經胡瑗勸業皆足以坐橋門而至止始繼美眉君創建初心而後勒之貞珉俾二三首事咸垂姓氏於不朽第以頻年索米日在風塵憔悴中今又將奉檄入都舍此而去嗟予行矣後之君子升斯堂入斯室或僉[illegible]

以去今寥寥數椽猶在飄揺風雨中蹣而修之不猶愈於僦屋而居乎予曰學會固爲公署然不敢以墨官帑又不可以瀆民力雖修也而功倍於作歷陳餘兩君或有其志而力不逮或有其力而志不堅歐公云嗟我官居如傳舍其來久矣如予之不材曷足以樂其成諸生又進曰天下事惟吝與怯者弗克濟我夫子與慷慨爲慷慨實心任事而何有於區區乎聞言趣之從里門指捐三十金付首事爲之倡而多士之好義者咸鼓舞從事矣多寡各殉其志木石各平其直匠役各儘其技藝

諸生董其事同寅婁君總其成爲之闢其來龍葺甬道脩墻垣完門壁開講堂構書屋前爲轎廳後爲館舍凡庖廚齋室無不具備且增地栽竹築亭種花處而修偉而雅向之飄搖風雨者且可以擁皋比坐春風矣是役也予更不欲以安居自隘其願尉將大堂並加修葺使植棠栽經胡瑗勸業皆足以坐橋門而至止始繼美層君創建初心而復勒之貞珉俾二三首事咸垂姓氏於不朽藉以顯年來米日在風塵憔悴中今又將奉檄入都舍此而去嗟予行矣後之君子升斯堂入斯室或念

營創置之不易時從而補葺之不致復有飄揺風雨之

慼則予心慰而并屠君之心亦慰且以卜慶學之發旅

於奕禩也康熙三十有六年重九望後

重建明倫堂記

知縣 徐羲麟

慶學之有明倫堂在文廟左偏其額爲建陽朱晦翁書

蓋慶疆遠處而近閩與建陽接壤或晦翁當日曾來此

書額故慶之士紳家多朱子親書不特此額也堂久弗

葺傾圮且將盡予惟政治之要學校爲風化之先士子

爲四民之望肇修人紀爲廣化之原釋此弗圖雖粉飾

治具皆虛美爾余自束髮爲諸生即以忠孝自矢及甲
午登賢書躬逢
聖天子臨雍欽聽大司成講聖經一章知正心誠意修齊
治平之畧要不外自明其德以作新斯民明德者何明
此君臣父子夫婦長幼朋友之倫而已士不明倫不可
爲人上不明倫以作新其民則無以致小民之親雍正
五年丁未四月余奉
特簡作令茲土惟以人心風俗爲念首謁
聖廟與諸生相見至講堂則堂傾圮無可設席惟晦翁書

額歸然尚存於敗屋腐棟間余愀然不樂者久之迨冬十一月而司鐸孫君至余與談及明倫堂有同志焉遂各捐俸創始立簿廣募又請於學憲王公得罰金三十兩合士紳所輸於五年冬十二月起工迄雍正六年冬十一月而堂告成復懸晦翁舊額於上從此講席可設諸生得肄業堂中余之吏責藉是可少慰乎噫堂之壞非一日矣更數令矣前之令不修誘之學曰非我事也前之學不言誘之令曰非我力也彼此相推以至壞不可支若早修之則用力少而成功易矣天下事敗於自

異而成於寅恭可勝嘆哉

對峯書院記

知縣 鄒儒

松源爲龍泉舊壤自宋南渡後始割置今治山水靈秀代有文章道德勳名之事顯於時迄年來激昂青雲者頗少說者皆爲山水咎予獨以爲不然人材在乎培植令邑中並無一椽肄業地欲文弱子立風露中烹字乞腹以精其業也甚難予蒞任之明年有興建書院之意因大集邑士民合謀之咸踴躍喜曰邑父毋爲邑人設教澤疇敢自鄙負明德又請曰勝國初邑富民曾捨田

一頃八十畝入郡天寧寺今寺燬僧散田無主呈請歸爲諸生膏火資予念衆志堅定事克濟爰卜基於 文廟之左建屋八座共計八十六間前大門三間儀門三間中講堂五間後文昌樓三間上祀 帝君像下作掌院住宅左右各廂房二十四間分爲諸生肄業號舍極偏五間則爲爨室周圍垣墻高一丈共八百四十步有奇中門正對薰山因顔曰對峯書院又以公牘上郡太守鄭東里先生請撥天寧廢寺原田歸乃正需告竣而先太孺人訃音以十月十七日猝至倉皇解組毋念事

類九仞一簣，倘不克終，前功盡廢。且大負士民望，倘

念及轍，涕潸潸下而不能止。越兩月，長洲蔣沛蓍先生

來署篆，至即毅然任曰：此我事也。立責諸工刻期告成。

會鄭公判牘亦下，允將原田盡歸書院，爲膏火資。且立

需册案以垂久遠。予又以所買江葉氏、姚官第民田一

百六十五把附入，而學舍膏火胥備矣。予間乘交代之

暇，登文昌樓，見龍山弄爪挐雲，勢欲凌空飛去，而石龜

拱立，儼若浮水而獻書者然。他如霞岐仙桃、錦屏諸峯，

紫氣紅光，盡著文明景象。乃恍然神悟曰：松源山水靈

蘊百年未洩者其在斯歟其在斯歟然斯舉也予雖首
其事非得郡憲曲成之仁署公莅後之力邑士民勷助
之功斷不能完美至此亦由松源氣運將興故得羣賢
交贊事克有濟也因紀其事於此以傳永久焉乾隆癸
亥元宵日

魁星樓記

訓導 胡曾肇

韓昌黎云中州淸淑之氣蜿蟺扶輿磅礴而鬱積必有
魁奇忠信材徳之民出其間慶邑萬山環峙如屏開如
壁立如幢豎如蓋張岧嶙纚連嶔巇屹嶞水自東南奔

洼西北滮滮淅淅淩坻潏鍪箭馳而風疾神氣所感人
文興焉宋大觀初先哲劉公爲殿試第一人他如少宰
吳公大宗伯陳公司徒胡公等各以文章經濟彪炳宇
宙豈非地靈而人傑歟自宋迄明後先接武不可勝紀
入
本朝來
天子闢門求賢而掇巍科居官於朝者落落不過數人豈地
運有盛衰耶抑别有説也夫日月星辰天之文也山林
川谷邱陵地之文也沉浸濃郁含英咀華人之文也有

地之文人之文而不得天之文以助之則其光不顯史
記天官書云文昌魁下六星兩兩相比名曰三能即三
台也是主文明實能振幽出滯通邑大都爰建立祠閣
肖像以祀之得靈應焉意者慶之人士始未嘗不祗肅
崇奉後稍陵夷至於懈怠歟學署舊有樹人堂坍廢已
久乾隆癸卯司鐸王公炳程公玉麟創造堂樓爲諸生
課藝之所然規模粗具而樓板窗檻墻壁俱未整治迄
今十有餘載上雨旁風日就傾圮余與同寅癖出兄及
諸同志定議捐修鳩工庀材不數月而蕆厥事登斯樓

也但見羣山聳翠羅列環拱溪水縈繞於後有坎竅鏜
鞳噌吰之聲余向讀青烏諸書粗識崖畧詔諸生曰山
水縈紆人材之所鍾毓也若天之文與地之文合則科
名之盛操諸左劵矣諸生韙余言設祠樓上中置文昌
木主又迎請后田魁星神像置於木主之後春秋佳序
諸生十餘輩具牲牷粢醴而拜祀焉從此星精降瑞山
澤效靈魁奇忠信材德之士蜚英聲而騰茂實輜軿青
紫如拾地芥人文之盛胡可量哉

桂香堂記

知縣 關學優

九都竹口庄有桂香堂蓋田生得元兄弟所築也其堂背擁高峯面臨溪水饒有幽趣堂以外竹木環圍森如也堂以内石徑曲折奥如也堂主人率子姪輩讀書其中凡耳所接者惟是風聲水聲樹聲鳥聲而人籟之紛紛雜雜寂然無聞也目所見者惟是山影雲影月影花影而塵世之形形色色歸諸無有也時而無事堂主人呼童汲泉煮茗略沁詩脾否則向古鑪裏添一炷香盪滌胸臆時而客至堂主人又相與論史唫詩摩挲古帖否則在石枰上布一局棊盤桓終日傳曰百工居肆以

成其事吾儕讀書而無其肆學問有成者鮮矣田生而
築此堂其郎讀書之肆也夫是不可以不記或曰堂名
桂香以堂前植丹桂數株故名

登雲橋記　　董敦禮

蓋聞夏歪除道成梁之令周載徒杠輿梁之規雖屬渣
治之微實關王政之大彼夫鄭濟溱洧小惠未周郎如
詩詠淺深大川難涉所以洛陽費一千四百萬之多建
工於醋字秦坂立三百六十丈之架壓念於梳邊况造
之久而壞於俄頃路之衝而行者甚衆輿工修葺有不

能已者慶邑北門外向有登雲橋遐邇咸蒙其澤士庶欲永其休詎料戊申五月爲洪水冲塌以致石板隨沙湮沒農商徒涉往來興悲幸賴邑中紳士吳飛雲姚宗洙吳登雲等共勷斯舉集腋成裘不日工成竭鶺墳之勞瘁擬虹帶之駕空造修如舊堅固比前總計捐輸之項猶存數十餘金續置橋田永作千萬年修理之費豈特一時之欣頌也哉乾隆己酉癸冬

繼善亭記

訓導　王壇

亭之爲言停也停集行人少休息也慶邑在萬山中谿

逕紆折行者難之然約三五里間必有亭其中可避風
雨弛擔負片時小坐疲者怠痺亭主人之意其在斯乎
今年秋上舍生葉裔滿建亭於邑西北之視家洋不惜
厚貲不籍衆力何其壯也生家世忠厚乃祖作遴公樂
善好施閭里咸稱長者余每覽邑乘慨然想見其爲人
使公而在今日安知此亭不成於其手生之所爲豈非
心公之心事公之事哉因以知公貽訓之長而生之素
行淳朴有自來也乃爲之名其亭曰繼善旹嘉慶十年
孟冬穀旦

重建節孝祠記　　教諭　吳江

從一之義婦節凜然惟有守者爲能永貞而不變是以
聖主重之凡屬郡邑咸立祠設祭以褒若節典誠優也慶
邑節孝祠建自雍正五年歷久傕頹無從修葺嘉慶九
年邑侯黃公有志更新商及余輩余輩願襄其事因集
邑中紳士相與籌酌意在集腋議未就黃公以公事晉
省尋入浙闈校士無暇辦此今年春量移永嘉匆匆命
駕去一日羣坐蕭齋論及斯事因愀然曰黃公有其志
而時與事違余輩同其志而力與願左恐自此中止將

使潛德幽光與蒼雲同其變滅余輩之愧亦都人士之

憂也適座中有姚生名鸞者毅然進曰兩師以黃公之

心爲心生獨不能以師之心爲心乎師且勿憂生請肩

其任余曰生之意誠善矣余獨何心能不滋愧哉生又

請曰生之心師實啟之師之事生代承之何必以資不

出已爲芥蔕嗟乎生言及此余復何言余惟拭目以觀

厥成已耳舊祠在文昌廟後湫隘幽僻擇基於武廟舊

地以其事請於邑侯劉公公嘉而允之乃庀材鳩工經

始於閏六月三日兩越月而落成焉建堂三楹高閈閎

厚墻垣棹楔輝煌規模式廓大異曩昔當締造時與寅友王蔚堂過其地見其指揮於烈日中孜孜忘倦蓋惟不憚勞不惜費宜其結構鞏固可垂久遠也夫且祠倒通衢邑中士女往返其間尤易觸目驚心其於激濁揚清則又有深意者存姚生爲人端方謹飭然諾不欺常思以名教振勵頹波故其行事有大過於人而爲人之所不能爲者嗚呼難矣余既嘉姚生之義舉而深慚余輩之無能爲力也因直書其顛末以志吾愧且勸來者

節孝祠記

知縣 劉種桃

維歲之丙寅六月姚生鸞建節孝祠成乃擇吉安位祭
告以光潛德而妥厥靈焉美哉斯舉也揚死者所以勵
生者姚生於是洵可謂知大義矣蓋夫婦爲人倫之首
壹與之齊終身不改禮也然而青春矢志鞠育完貞嗚
呼難矣歷艱辛受危若百折而不易非鄰孫天成其孰
能與於此者蔡惟
聖天子整飭紀綱肅清風俗令天下郡縣議立節孝祠以
時祭祀振而新之有司之責也茲溫壽之鄧錢之任也
姚生獨引爲己事豈不大有功於名教者哉若輩之新

感焉慶地多山其民氣朴質而少文醇厚而不偷宜乎貞節之婦往往出於其中志乘所登固已廣搜博訪而深山窮谷閒保無有隱而不揚者乎茲祠成則凡完節於生前者皆得入受歲時之享是以姚生立之神主而不列姓氏非從畧也期無遺也是舉也前令黄爾堂與兩學吳萬山王蔚堂倡厥議姚生力厥役余適觀厥成故樂得而嘉許之闡其多方力行諸善不倦殆所謂作德日休者歟若夫相度之當營造之精與夫不吝財不辭瘁吳萬山已覼縷言之故不復贅雖然萬山始其事

乃不自功而反引愧而獨歸其美於姚生彰善之道也表微之意也

育英儲英二莊清田記

知縣 呂璜

處州僻在萬山三百年來人才藐不如古蓋其地磽瘠其俗簡陋鮮有冥心於學不以衣食撓其志者邇年並鄉薦之登亦且銷歇無聞今大守瀹莊先生憂之厚延别駕黃師儒嚴考課矻矻然集十邑之秀而親爲口講指畫者於今四稔亦既觀感淬厲烝烝丕變矣乃先生猶以此邦距會垣千里省試者或艱於貲僉屬邑各謀

用所出垂久遠以爲賓興費癸酉秋璜攝慶元篆甫謁見先生則舉是以相屬璜下車簿書稍暇進材子弟訓課之諸生亦若以璜爲識途老馬斷斷濟濟執其業而請益日常不虚於時適當大比秋試諸生各已擔其簦以去行李之往來佽其匱之殊未遑也居無何考邑乘得育英儲英二莊繹所由創嘆前宰程公所以造士者甚厚且殷又以知二莊各有田若干畝所爲賓興之費程公固已籌畫之詳乃究其租入之存則虎而冠者或攫噬而爪分之秋戰之士走乞餘粒得十一於千百則

噤不敢言乃反以爲幸其他文弱士甘食貧居賤思奏其技不可得赴試嘗不過數人田雖存而無禆實用不知幾歷年所矣瓚謹爲之按籍而稽召佃而問履畝而覈得大租乾把凡三百有九十冬運倉春易價納課挽輸設祀去五之一每歲尚存白金以兩計者四五十爲出納鉤稽田之區佃之名氏勒爲成册藏之官司而聞於大守或以是爲久遠之圖未可知也因思夫自古有治人而無治法利之所在弊必因之程公之爲一塾也以養士也不意其一興而一壞其舊是田也以勸墾

也不意其名存而實亡其擇人而董其事也愼所寄也不意其侵漁以自飽璜雖清其業更其規附益其不足覩爲經理不假手吏胥以期士均實惠材不虛生以無負創建者培養之心以勉副我太守興道育賢諄諄諈諉之意烝烝安知其果歷久而無弊否耶記此以待後之實心任斯土者且揭册書所釐定於碑陰嘉慶十九年三月朔日

增置松源書院田記

知縣 譚正坤

慶邑松源書院自乾隆七年前宰鄒公請撥天寧廢寺

田壹頃捌拾畝復置民田壹百陸拾伍把爲諸生膏火資澤孔長也嗣因水患冲刷過半歲入不敷經費欲多士烹字充腹以精其業艮難何地無才紬於栽植誰之歎歟予五載以來留心培養爰以入官銀壹百肆拾兩囑明經姚涵增置粮田柒拾把稍補不足契券粮單存諸縣卷惟願諸生争自濯磨不爲一隅所囿若擴而充之誘掖而奬勸之更有望於後之宰斯邑者

育嬰堂碑記

知縣 樂韶

善蓋其無涯乎曰有孟子曰君子平其政焉得人人而

濟之然則其有涯乎曰無孟子曰今人乍見孺子將入於井皆有怵惕惻隱之心夫惻隱之發非所以內交於孺子之父母令以見棄於父母之孺子而望見收於乍見之惻隱爲善者將毋窮知其窮而必思所以收之則豈濡手足焦毛髮之爲哉必豫有以待之此惻隱之本量也故無涯余初攝篆慶元與耆吏百姓等相見面問疾苦鄉紳士父老以民俗蠢蠢溺女之風未盡革除愚夫愚婦恬不知怪雖爭粥而鷹攫之則譁然怒予女蠕

蠕胎娩之餘棄如塵土鄰里莫之顧且相倣效嗚呼恐

人也吾何樂乎有斯是用痛心疾首思復修育嬰之制以收贅子女爲全活之計會紳士亦以其事來請謂其費不外乎捐其義要歸乎勸故斯堂之建不崇朝而議已決嘗考兩浙育嬰堂記

國朝順治初益都馮相國奏開於崇文門外識南數百里口哺手綳者日接踵至及益都致政還里宛平相國復繼之而其式遂遍天下明季寇氛蹂躪民不聊生我

朝定鼎之初急謀撫字誠求之懇浹髓淪肌良法美意爲海內式顧非遍飭中外勤撥帑項也便宜行事在司

者之用心而已慶元舊有堂在石龍山下義民吳君栢捐田以資經費厥後田沒於水屋亦頹廢紳士請以楚塘巷口官基爲建堂之址查照金華縣成案通詳定章各憲報可前後共捐錢若干緡田若干畝并捐割寺院餘產若干畝始事於道光二年二月訖道光三年三月上澣日而落成乳婦報稱中路之無嘗聲者襁褓間至爰乃遴選紳士考定舊章爲育嬰堂規條壹拾陸則付司歲司月者鎮攝而稽察之事既緒會奉札調入省旋署蘭谿慶元紳士猶月以收養登下具書來報備言嗅

咻之聲達於堂外保赤之政畧有成效應請勒石以紀其事余惟法令之初防範周密積久易弛孟子曰無惻隱之心非人也美而暢之於諸紳士有重賴焉且有厚望若夫前後勸捐兩叙及各憲申請批檄之文邑善士分別旌獎之典另列册卷俾流播鄉曲通知義例并望涖斯邑者詳慎而修明之庶梧蒼鄰屬有相繼奉行者用以廣布

皇仁上彰

聖德下繫民命則善量無涯豈徒慶元赤子之幸哉

育嬰堂記

知縣 黃燠

慶邑育嬰堂久廢前任曉園樂君攝篆之初他務未遑即以斯舉爲急急倡捐樂助不數月而堂成以不忍之心行不忍之政於此見其一端矣乙酉夏堂董事吳君登雲等挾其前擬規條索余加序俾付剞劂遍傳永久其意甚善不禁爲之歘然曰余來視於茲兩越歲矣徒瞻絕塵於前馬蹟由接軫於後車內自慙焉焉能更贅一詞乎而諸君復諄諄以請不已因閱其前規有未及議者續增給米給錢收養領養二條並列於後非敢妄

自更張亦期一得之助云爾道光乙酉夏五月既望

重建育嬰堂記

知縣吳綸彰

周禮大司徒以保息六養萬民一曰慈幼鄭氏康成註云三人與之母二人與之餼月令仲春之月命有司存諸孤自古帝王心誠保赤亦罔不首先爲兢兢我
國朝愷澤旁敷老幼得所諸大吏咸仰體
皇仁諄諄勸諭凡禁溺女畜遺孩法良意美亦云至矣慶邑向有育嬰之所歲久頹廢前任樂公韶慨然興舉進邦人士而謀之咸踴躍樂從擇地諏吉制甚精嚴後黃公

煥復滃堂規二條區晝章程視昔更詳且備庚寅春余
攝篆茲土每逢朔望監放月廩喜其堂宇廊房倉厫井
竈規模宏備爲鄰近冠心甚嘉之且慮其畜養日繁經
費或絀爲之另籌擴充捐廉倡率飭紳士廣爲勸助未
既董事以捐成銀數來告爰復造乳婦房一棟上樓下
房共十二間設嬰孩衣裙四十套自辛卯春迄壬辰夏
滃收遺孩二十五口連前收共貳百貳拾口零由此隨
時捐收再有餘積增置田產以裕永久其功德又當何
如耶顧是舉也曉園欒公倡而創之章甫黄公補而續

之余又擴而充之至於可大可久垂裕無窮是又賴後之守土者

育嬰堂記

邑人　吳登雲

慶邑北門外石龍山下前有嬰堂義士朱君相捐入田肆拾把爲收養之資因堂宇湫隘租息甚微故堂廢田亦無存識者不能無遺憾焉道光壬午春二月曉園樂邑侯韶慨然有志於嬰堂爰召雲暨吳登瀛王勲吳昌興姚駒姚鏡泉葉之茂等而告曰撫養黎元者邑宰之任也倡舉廢墜者紳士之功也今欲建造育嬰堂於城

南埜堂巷口此仁德之事諸君宜勉行之雲等起而對曰嬰孩有堂以懷之不可無食以養之石龍山下故址前車之鑒也邑侯捐廉首倡價買官項田壹百柒拾把雲等和衷協力交相勸勉隨勸各庵僧並施產後裔孫送庵中餘產總計枋租貳千伍百餘把碩租壹百柒拾餘碩合稅叁百零陸畝柒分伍釐餘養嬰之需已獲權輿矣由是勸捐闔邑信善捐助集腋成裘計得壹千肆百餘千文即興工於是年夏六月成於癸未春三月其規模形制丈尺工匠木石雜料併妥議善後條規二十

條堂規十四條俱彙入底册存查現收嬰孩二百餘口將來收養生息正未有艾也由是堂構巍峩墻垣鞏固實惠及孤仁風遍洽藉非邑侯居心廉明待人慈愛曷克臻此然我處同事不避嫌怨不辭勞瘁亦與有力焉此日經費稍敷規模畧定而盡善盡美可久可大尤有待於將來之賢侯茂宰擴而充之後之仁人君子踵而行之則埜塘巷口之嬰堂自不致如石龍山下之有初鮮終矣雲不揣固陋謹述其事之顛末而爲之記

修磨手嶺暨建亭閣記

知縣　黃　煐

括州領縣十惟慶元距郡最遠重岡叠巘跨連閩越而城西二十里之磨手嶺爲由慶達閩之要道尤陡峭高入雲際自下而上積九百餘丈登陟者側足僅二尺許猱攀蟻緣一步一頓行者苦之嶺之盡處舊有亭屢經脩葺近又傾圮不堪憩息矣邑之上舍生姚園者慶元望族也樂善好施自其祖若父已然而生復仰承世德力行善事舉凡濟顛扶危者靡不毅然爲之邇者慨是嶺之行人難行也欲重闢之告祖若父咸曰善於是捐鏹鳩工鑿諸險隘更甃以石前之濶僅二尺許者今則

廣至五尺焉且也於其巔建大士閣外翼以亭顏曰世美於亭前鑿井以汲時虞不給復疏泉於亭後之石罅間筧引三百餘丈宛轉入厨並捐田若干畝爲往來者茗飲之需凡靡費一千八百兩有奇于前慨世之擁厚貲者媮衣豐食率以華侈相高至於人之困瘁艱辛則隔膜而不相恤以視姚生之樂善好施得無愧乎夫利物爲立心之上善濟人即種福之艮田如姚生者不惜多金廣此宏願向之尺行寸步者一旦化險巇爲坦途於以知生之用力爲甚勞其所以慰祖君父之心爲甚

篤而其爲功亦甚鉅矣况姚生以年少而行善伊始郎能成此鉅功異日之擴充善量以光大其世德者其積愈厚而其流愈長也是役也始於道光丙戌之春迄戊子冬而工告竣吾知後之過是嶺者登其亭摩娑竹樹將比之造八萬四千𡌴而祝頌無窮矣美哉斯舉也

重修太平橋記

知縣 吳綸彰

慶邑之城西有太平橋爲附近居民往來孔道其始作年月不及詳攷之前志其間水火相尋不無改作然皆因陋就簡每當春夏之際大雨時行溪水暴漲迄無完

圯至乾隆間邑人架木重修至今復四十餘年橋固在也而蹴踼者若不敢前行人仍苦跋涉壬辰春吏請余倡新之若恐倡者之易爲謀而繼者之限於力也紳士姚君鑾聞是舉而請曰是不必爲使君慮鑾當獨爲之因年老艱於步時年九十乃命長君樹德捐貲而鳩工焉樹德體父志不辭勞瘁傾者建之隘者廓之不閱月而工竣寬厚視昔有加且捐租若干把以備修葺於是往來斯橋者莫不歡欣鼓舞以爲今而後可免蹴踼傾覆之患矣余聞而歎之曰人好行其德者類如是哉夫九月

除道十月成梁此王政之大體也昔持地菩薩於一切
要路津口田地險隘防損車馬悉爲平填或作橋梁或
負沙土勤苦無量得入二十五圓通聖者之一此釋氏
功德之說也福田利益儒者所弗道姚君是舉也固未
足以見其全體而論者樂道其父子平日類皆濟急扶
危樂善好施及窺其門太和翔洽子若弟循循然悉有
規矩僉曰此功德所致而吾曰不然今姚君父子世濟
其美方將宏願廣施濟人利物使後之子孫體此意繼
承於勿替而豈區區杯勺間自鳴得意爲邀福計哉此

可知其善量靡窮而天之報施未艾也然是役也父也樂善子也克承皆宜光之簡冊以示來茲橋既成余樂爲之記

魁星閣記

教諭　沈鏡源

慶元學舍在縣治左龍山西峙松泉北流其形勝最爲雄秀宋大觀間劉元鼎大廷對策以第一人魁天下士嗣後陳獻可由神童科特進位躋宗伯胡紘由教官科超擢秩至列卿文章勳業彪炳一時光耀史策最後崇寧時王伯厚先生擢上第後官給事中建言時事有古

大臣蹇諤風讀文山先生卷嘗以忠肝義膽識之見諸
史策所著小學紺珠玉海困學紀聞諸書悉爲後學模
楷然則事由人傑亦本地靈今兩齋中規制宏備大堂
上奎垣閣尤爲占勝據形家論一二十年後上元甲子
必有奇才異能之士踵而崛起如前人者前馮珠舫先
生作詩紀之頁有深見余於拜謁之餘凴欄遠眺覺巾
子霞帔諸峯蔚然深秀環列窗牖間爲之欣賞不置且
嘆前人之創建斯閣者其功良不朽也查閱志乘閣建
于乾隆辛卯年前教諭王炳訓導程玉麟倡建之前訓

導胡曾肇有記今余復綴數言于後

重建阜梁橋記

教諭　沈鏡源

自來興梁之設所以通商賈濟行旅也慶邑竹口最爲巨鎮且地隣閩省松溪諸邑最爲往來要道舊建橋梁累遭水激行人病之道光癸未紳士吴君恒憲等首捐百金爲倡衆亦踴躍樂輸計洞有三上加蓬盖以禦風雨寒暑規模宏備木石堅固計經費千有餘緡誠盛舉也告成後同里貢生田君嘉修榜其上曰宋王伯厚先生故里以誌先型余赴郡往來過之深爲之望風景仰

且見兹履坦利征民未病涉深嘉都人士好善樂義者
多其利物濟人之功甚宏且遠古云太上三不朽首立
德與立功庶幾近之爰援筆樂爲之記

重修崇聖祠記

松陽教諭 許惟權

今天子以仁孝治天下推廣其錫類之至意追王及於
五世此其生民以來未有之聖人亦生民未有之曠典
也權秉鐸松川修廨舍舉義學以諸生時勤課讀爲率
不數月奉 上臺檄攝篆松源其地與松川相距五百
里餘至之日卽謁見 崇聖王木主側列於其中心竊

訝之詢之門役則云祠宇久廢姑爲之合祀於此權蹙然不自安以爲長幼有序不可失也尊卑有文不可廢也今使予坐　宣父列傍室長幼卑尊之禮將何屬乎若任其傾廢而莫之動心焉於報本追遠之義殊未協也爰進諸生而詔之曰教化者王政之本學校者立身之基爾諸生身膺宮墻列食廩稍日旅進旅退於橋門之内乃於根本之地漫不加意是無以率之而遂因循燬廢至是乎則一祠不可不亟爲之建也固莫不以吾言爲然爾諸生中有吳生名爔者尤奮欣趨事自任鼎

新獨建郎於祠之故址披荆斬棘相其位置度其高下
磚石瓦甓之需不需時日而祠成遂迎木主而奉祀於
其中羣瞻之下可以想如在之誠并以識孝先之意且
以沐仁孝之治而秩然於此見長幼卑尊之禮藹乎於
此著報本追遠之義焉權既樂祠之復建將返櫂松川
深嘉吳生之好善足爲士林表率者特爲之記乾隆二
十八年孫國學生吳建謨修

王伯厚先生故里記　　田家修

先生諱應麟字伯厚號深寧居士登嘉定戊辰進士官

至尙書咸淳開慶間以博學雄文聞於時所著書有玉海集四書論語考異困學紀聞小學紺珠深寧集王尙書遺稿及三字經地理考等書行世邑父母　樂侯嘗語余曰慶之自來人物必以伯厚先生爲最先生居敬窮理道學闡濂閩之蘊陶淑於吾徒之功至溥故至今海内之士無不知有先生者其視仕宦而至卿相衣錦還鄉生榮死沒者蓋大有間前令有以宋給事中爲先生表里居者毋亦於細大之義有所未審歟先生固道學中人也　侯去任之日余餞　侯於喆朝復語余曰

他日橋成題匾，當以余前言爲伯厚先生表厥宅里，第勿踵舊令所題云云也。且諄諄命余爲之記，并以表侯闡幽之意。余維古今可傳可誦之人，如先生者，真可爭光日月，重桑梓而壯河山之色。觀其薦文山先生文卷古誼，若龜鑑忠肝，如鐫石之語，謂非知言養氣，道學之既深，能於語言文字中决真人品也哉？余不敢不敬承侯命，爰綜其一二大端，俾往來觀者咸得先生之爲人，且以誌余之嚮往。觀者毋以爲僭。道光甲申年七月既望。

社義倉記

邑人 吳登雲

慶居萬山之中山多田少不通舟楫賴雨暘時若一值荒歲則室空致嘆告糴無由平糶則官穀有限搬運則脚費維艱惟平時有所蓄積則有俻無患方今

聖天子普惠元元痌瘝在抱特頒

上諭令各省州縣查明存廢及時修復併令勸諭紳民量力捐輸法良意美千載一時也棠粵東章甫黃邑侯上體

宸衷下恤民隱蒞治伊始即以復設社義倉為急務爰委雲與姚駒棻之茂協力勸捐衆司捐城內幸樂善好義者

多有姚鸞藥邦憲各捐穀肆百石爲之倡餘亦捐百以
迄數石不等有冊細載存案穀粒既有成數倉廒應當
急圖凡木石興工雲一切經理朝夕從事不敢憚勞其
丈尺木石工料以及規模形制悉有冊籍可稽是役也
始自道光乙酉之春三月成於丙戌之冬臘月慶邑向
有額存社穀設立社長歷久穀石無存倉廒傾壓雖由
社長自行侵虧亦由新舊交卸到任之際赴倉盤驗書
役藉以需索社長受累社穀愈虧今蒙 黄邑侯絕盤
驗以杜官擾易社長而立董事殷實者掌其管鑰公正

者司其出納出陳易新一歸至善通詳立案雲思將來
生齒日繁支放或虞不給是有望於後之仁人君子善
爲籌畫焉雲不敏悉其本末竊爲之誌

補遺

重建無疆堂記

慶邑向設無疆堂歲久頽廢舊額僅存余下車後訪問邑衆知曩昔供奉

萬壽龍牌爲朝會祝釐之所因商諸寮友急謀興建進邦人士而詔之爰各捐廉諏吉興舉得紳士姚君鸞首捐金五十餘亦量力佽助各有差等并捐椽瓦者助榱桷者願赴工作者絡繹相望自庚寅六月興工不朞月而告成今創建悉擴舊規凡添置左右朝房戲臺門闢庖湢胥偹每逢元辰令節且恭逢

一人有道之慶當文武朝集時父老扶杖而觀婦孺企踵以視使山深地僻之區儼若覲殿陛森嚴衣冠滄濟與夫朝會禮儀之大甚盛舉也且當朔望寮屬瞻拜宣講城鄉士庶得於斯圜門觀聽復古讀法懸書之舊父詔其子兄勉其弟則斯地之關乎禮教法制者實匪淺鮮令紳士復經理租入以備歲時修葺費詳且備焉尤足嘉尚道光十二年歲在壬辰黃鐘月

慶元縣知縣吳綸彰
教諭沈鏡源謹紀

傳

貞女葉氏傳　　知處州府　周茂源

栝山奇峭栝水清瀉毓秀閨閣代有其人使潛德幽光與蒼雲併散亦有司之恥也慶元有葉養姑年十三封股以療父疾字吳氏子良彩鳩盟雖訂鴛侶未偕聞良彩之訃堅請從母赴弔即留守志不還姑疾即以事父者事姑姑感之擇嗣令撫甫及成人旋復不祿復以撫嗣者撫孫居雖庳淺步不移閫家即絶粒丐不乞鄰稱未亡者六十一載既嫺女戒深諷貝經於順治十六年

無疾端逝慶人爲立祠源親式其閭杯茗致奠而長揖以禮之

節婦周氏傳

知縣 徐義麟

節婦周氏已故儒童吳公望妻也十七于歸甫一夕而夫亡氏悲泣絕食誓以死殉姑季氏係名家女以大義諭之曰汝慮無後耳今伯姒陳現在有娠生男即以繼汝則汝夫一脉得以接延且代夫以修子職俾予失子而有子節孝兩全不爲計之善乎陳亦欣然謂曰姑命誠當余雖首乳必不瀆者也氏再拜遵命恐啼泣有傷

姊心更溫容奉事已而陳果生男取名曰超氏殷勤顧
復蹔云不辭家貧事紡績以資讀幸遊泮水并爲娶其
姑之姪女孫關關以爲之室夫何天堅苦節超甫生子
而身亡氏痛哭不勝幸媳季氏抱兒跪稟委曲勸解氏
憂稍舒可憐家徒四壁姑媳二人惟藉女紅以資口食
而足不出閫口不道貧所尤難者甲寅耿變氏避寇於
鄉常懷刃自隨誓死無二真所謂貞節天賦窮且益堅
者也余覩纂斯土廉訪幽貞知氏之清操彌厲媳季氏
同持苦節孝道堪稱旣以一門雙節褒美之續爾次詳

請邀恩入告迨

綸音將至而氏已溘然逝矣余奠以文復撥貧郭官田一十六畝零俾其子孫永奉祭祀今

旌坊建於康衢行道過知懼歷歲久而苦行漸湮且其姑媳伯姒一家之懿德弗著也因按其事實始末而詳紀之俾觀者有所感且百世不朽云

賢母季氏傳

知縣　譚玨坤

夫玉爲上瓀次之石爲下於物固然夫人則亦有然者矣讀烈女之傳彼女子聰敏皆能辨之詠柏舟之詩彼

窮巷幽姿亦能佩之亦惟臨文感喟已耳若乃天以貞
授人常在巾幗以映玉之姿不欲碌碌如石者乃爲善
承也懿閨中之秀偉林下之風擬之而有合者孰如吳
生仙洲母李老孺人者乎跡其夙佩内則載賡詩懷柔
嘉淑愼長而適人偕老固其初心如賓亦其能事而不
幸芳槿殞秀速奪良人有願未遂傷如之何自此以往
幾無意人世矣且内助而兼外治心之操也慮之决也
切倍儕而算患治絲而棼雖有基勿壞而難持者家計
時縈紆於日夕飲蘖之方寸主中饋冪酒漿事猶常也

體予弟之嗟劇妯娌之愛又其常也至顧憐稚子依依
膝下長則計齡纔六次則計歲方三為其計長久求成
立期克報於地下者賜經一日而九迴用是遣就傅處
庠序尅其期而大成九年常欲以和丸之勖收之而果
也令德之克立令名之克樹持寸草答春暉慰慈母之
設心者猶是當前依依膝下之令子此雖師傅占後八
之賢而根深木茂源遠流長實本於長育顧復斷機示
訓而來者也其有額曰書荻可風見賞於莫公觀雲者
亙至協壽持之輿為厥子厥孫奉鳩杖而誌萱草壽之

徵孰非節之報乎孺人產自望族適於高門計初寡時年二十有五迄今計年七十有一郡人士高其節而持公論自有確見者在余與吳生質交有素已知其畧犒不揆譾陋而樂爲之傳焉贊曰猗歟吳母譬彼柏舟揚清激濁砥柱中流四十六載勁節是遒齊家禮法鍾郝堪侔青年失鵠白首扶鳩承顏養志當念其籌燈畫荻而勿負乎先世之貽謀旹嘉慶戊寅孟冬中澣之吉

教諭 沈鏡源

節母姚孺人傳

孺人母氏姚系出邑中望族其尊人庠生名斐儒脩爲

業孺人自幼嫺習古訓性貞淑不苟言笑十八歲于歸吳松蔭公爲室孝事翁嫜恪勤不怠躬操井臼相夫子以禮不幸二十九歲所天遘疾而殂孺人誓欲身殉但藐孤坦然年甫六齡常顧而啜泣曰守節難撫孤尤不易苟不克俾成立無以對亡人於泉下於是紡績之餘篝燈課讀有古丸熊畫荻風親黨閭里莫不交賢之迨生成立遊庠食餼蜚聲庠序前邑侯黄以義訓成立旌獎洵不誣也孺人享年七十五歲計前後守節四十餘年例合請旌生以遵慈遺命有待今後嗣昌大餘慶未

艾文孫用光用中俱相繼入庠可知天之報善不淺亦足為邦人士表式矣余不敢沒善因為之傳贊曰自來閨德節孝最艮艱貞之操歷久彌彰冰心鶴髮凜若嚴霜躬操井臼盡孝翁嫜親睦族黨教子義方四十餘載辛苦備嘗賢聲播著淑德褒揚令子文孫克繼書香光昭志乘曰篤不忘旹道光壬辰八月初吉

節孝姚季氏傳

黃煥

竊維靈淑之氣聿昭誕降之奇故忠孝之懿範為五行之精英而節義之芳徽實萬世之模楷也夫宇宙英華

蓄而必洩，豈幽光潛德隱而弗彰？予攝慶篆，訪得故增生姚芝妻季氏，係貢生季瑛女，職員承恩母也。出於望族，配自名門。幼在提攜，即諳內則；長離襁抱，親習孝經。未結褵而跬步端詳，方及笄而儀容淑慎。時來于歸，動無踰禮。既稟幽閒之質，復著貞靜之姿。勤治內而佐讀有方，孝事親而色養維謹。倡隨六載，忽傷鏡裏之孤鸞；矢誓終身，竟比雲中之寡鵠。盡婦道而代子職，以母慈而兼父嚴。織麻能著論勞，直效夫敬姜；晝荻可傳書教，克紹乎歐母久矣。心堅冰雪，誠哉節凜松筠。訓夙嫻賦偕老者二十二歲夫婿早逝稱未亡人一十九年故宜詰嗣傳芳名登國史竚看文孫競秀業振家聲此誠節孝之兼隆抑亦報施之不爽也廼於政暇之日恭請題旌以垂獎勵復於坊建之時樂爲贊傳以誌表揚

吳將軍陳仁公傳

教諭 丁 葵

吳將軍陳仁者三都陳村人也微時販豕爲業其弟握瑜多智謀仁聽其言多奇中康熙十三年吳三桂耿精忠謀逆慶元地連閩界複嶺崇灘賊設爲防守泒勤兵餉愚者與之黠者避焉陳仁笑曰吾方思効尺寸若輩

何怯也時賊兵一據仙霞嶺一據石塘嶺康親王議取仙霞令貝子福拉塔分兵攻石塘仁瑜趨郡見巡道姚啓聖進謁王曰石塘至慶不遠願募兵爲先導王錫以蟒衣命仁爲副將瑜爲守備付以委牌安民榜示劄副聽其委任仁集義兵殺僞官周虎等及賊兵三百餘時傳大將軍將破石塘進勦各邑兵未至仁乃劄委吳允吉吳任之李繼賢等退屯楊墩秋僞防守引爲官張嗣端及賊兵焚掠各村仁遣任之斬吳懋莊等父子及全立孝一十二人賊氣奪大將軍給仁綾劄任建寧招募

貝子從仙霞進發仁繪地圖進時賊將徐上朝踞石塘
貝子西進向敵密令仁瑜引啟聖及總兵陳世凱從石
塘後取路石門坑賊方注視大軍不虞奇兵猝至大敗
賊兵殺賊兵數千石塘既破而松遂諸邑皆復仁瑜率
本部兵由小徑取慶元遇賊殺偽將吳啓傑等恢復慶
元而松政壽等邑亦次第收復敗賊殘黨過慶仁特出
奇截殺偽官胡俊英胡招弟乃出竹口迎貝子軍下松
溪會王於建寧耿逆平鄉兵各受賞歸農王以表章義
民事具題奉

旨吳陳仁等抗賊守義殺逆可嘉部議交督撫獎賞録用時巡道姚啓聖進位總制征漳州陳仁副將護理延平都司握瑜補授汀州中軍守備隨征没海及臺灣廈門皆有勞績陳仁卒於任所握瑜告養親撫柩還鄉遷居政邑城内卒於家其先後受賞於王貝子獨爲寵渥同時劄委諸人有姚英姑及蕭岐輩皆附仁瑜而成名者也

周雅先先生傳

知縣 鄒儒

梧蒼素號小蓬萊而松源山水又極奇秀如城外石龍

龜水諸勝皆天然靈異有繪畫所莫能工者故建治以來代有文明之士應其運辛酉秋予下車之始延訪邑中老宿以主義學諸生咸稱惟周君堪副此任因備束幣延之君自處闇然不樂干進予於公餘造館課試始獲覩君面而平時足跡未嘗履於邑庭以視世俗之士一爲有司延攬即借爲晉接之階懷中刺刺朝暮來見一覿面輙躡足附耳語刺刺不休反目持方守正之士爲迂拙者真不可霄壤計君可謂有道士矣君即世俊少年勤學爲文雄偉軒豁筆力可辟易千人與君同受

知於學使　鄧東長先生君膺薦貢成均後試高等食餼才名噪一時予嘗謂僚友曰松源山水靈藴百年今得君春風絳帳陶淑多士豈其無成效歟予與君有相知之雅不揣不文握筆爲歌表君之行歌曰松源山水地闢天張藴積磅礴鍾毓靈長功名道德節義文章代有其人史册炳光于兹百年精斂華藏豈終秘匿鬱久必彰君抱鴻才力學自强一芹拾芥名振宮牆古道自處澹臺是坊經明行修明廷薦揚鶴鳴有和向歆繼芳青緗世業多士景行馬帳藴湖于焉頡頏龜水澄清龍

山奮昂天馬騰躍霞帔堂皇耀精炫釆聚於一堂薰陶涵泳教澤無方屈指風雲並轡翱翔作棟作鈞手出工良耄耋期頤壽考無疆我撰小詞爲君晋觴請君大醉放眼括倉先生諱之晃字雅先號省愚生於康熙壬戌卒於乾隆甲子享壽六十有三

吳厦峯先生傳

知縣 關學優

先生吳姓爲慶邑望族其先世吳彦申公文成一家登政和壬辰進士吳已之公倜儻宏博登寶慶丙戌進士吳松龍公讀書多創解登寶祐丙辰進士而先生乃生

數百年後以文學顯殆繼起中之一人也先生幼聰慧甫弱冠即通五經子史且慷慨有大志視取科名如拾芥年二十以榜首充弟子員二十三食餼四十八以歲選成均貢士候補儒學司訓計閱歷數十年凡歲科兩試七次冠軍　學憲賞東皋先生最器重之顧乃八戰棘闈戊子科薦擬房首得而復失論者咸謂先生豐於才而偏嗇於遇爲大可惜也先生性謹嚴訓子姪以義方嘗掌松源書院及其門者皆莫不愛之敬之又喜著書遺有履峯文集十卷山輝堂詩草四卷待剞行世且

未夏余奉　憲檄重修邑志因廉得先生之爲人屬筆
從事閱數月而剞劂告竣其間攷徵確序事明傳疑傳
信取裁一歸至當是故旨遠而文言曲而中苟非先生
纂輯之力曷克臻此歟且先生非獨以文字顯也夫人
有真學問必有真人品然後可卓立於儒林維風俗而
挾名教余竊念涖慶有年先生所居後田庄亦距城不
過一里乃先生兢兢然慎於出入不屑奔競閒以公事
延訪則先生至否則閉門自適願見先生而不可得余
仰止子游而竊幸邑有希蹤澹明其人者夫亦足爲當

世風矣先生諱元棟字德梁號厦峰生於雍正丁未卒於嘉慶壬戌享壽七十有六

吳景韶先生行誼傳

教諭 朱鋼

景韶吳先生名來成慶之守道士也余自戊辰歲秉鐸茲土悉其高誼善行爰謹誌之先生幼而穎異年未弱冠補弟子員善事父母奉養承志得其懽心父母有疾親侍湯藥衣不解帶者經旬及歿哀毀泣血附身附棺之禮概從其厚友愛兄弟析居分產辭美受惡值伊後先卒友于之念彌深先生於大節攸關因未可一二言

罄也且歲時祭祀先人雖子孫衆多必躬展奠祖父坟塋無論遠近必親往拜掃凡父母生平所嗜好及留遺器具觸目神傷此非天性惇篤何能終身孺慕若是也至收租稅於農佃無力償者教之勤儉不責其租誼篤親族貧而負貸者即焚其券當甲辰歲歉先生每出餘粟以資接濟俾窮民得以存活其周恤閭里又何如也先生喜讀書老而不倦嘗以古之嘉言善行詳書户牖以勗子侄間樂山水聘懷自適樂成人之美事善解人之困厄悉心儀古人而行之先後兩配子皆遊庠以克

其家二淑人多內助殆均能覲厥型於先生者前邑尊黃雨堂贈以聯云敦倫飭紀世德悠悠扶清都之名教推重亦云至矣今先生七旬有餘康强逢吉後嗣亦英鵠齊起善哉余悉其顛末而紀之俾有道者將光於史册以誌不朽云旹嘉慶癸酉春日之吉

教諭　宋　鋼

義士吳昌興傳

山水奧衍之區往往多異人蓋地靈所鍾也慶邑界萬山之中地脉靈異余自戊辰夏蒞任於茲將歲餘而得吳君昌興其人焉樸陋簡澹非必有超世拔俗之概然

吾叢其行誼爲近今所傑出者閭少年時家貧艱於糊口儕伍凡民矯然特異及壯力能經營頗有蓄積而獨汲汲於公義邑治後東北有三險要處往來病涉爲獨建橋梁曰尚義曰護龍曰金坑所費貲不下數千而橋當溪流之衝恐其不能保久復捐置義田計租數百登其所入顆粒悉歸諸公爲修治計一邑之人皆德之叢建祖祠數十楹顔曰延陵美奂美輪族望歸焉通衢仄徑凡有礙於往來者悉爲鑿石培土親友鄉族貧而不能殮葬者請必應各村驛樹點燈施茶四時無虛日嗚

呼凡此類雖家擁巨萬未及能行而吳君以單寒起家持身克儉獨勇於義而爲之裕如余嘗綜其急公之財苟反而自治營華屋置良田以肥其家亦足坐享豐亨而乃甘處約以全公義豈非出於性生而不矯情以邀譽者歟壬申邑人高其義爲請於官詳咨

旌表

賜之坊曰好施樂善嗚呼亦榮矣哉易曰積善之家必有餘慶其有孫歟癸酉暮春余將辭歸嘉吳君之行而榮其遇爲文贈之以誌不朽且爲邑之好義者勸

贈姚竹溪傳

吳興 凌堃

慶元姚氏盛族也其先世多隱德山居深僻近代罕有聞人惟樂善出於人性而虛譽有所弗居者爲傑出竹溪先生諱駒字逸千爲縣學增生於文無所不能然深自覆匿不汲汲於進取處父母兄弟子姓唯孝恭謹厚未嘗出奇言魁行動人聽聞宋蘇軾嘗言無其實而竊其名者無後先生仁不異遠義不辭難而一切詔之可居者弗居先生宜有後矣縣有文廟有城隍廟有文昌宮有書院有社倉有育嬰公所或圯或廢或費不支先

生與同志者以新以復必經晝長久計他如族有譜則
纂之家有塋則葺之師友之貧而無殮也殮之族卹之
貧而無贍也贍之路有遺骸棄字或掩之或收之又嘗
卹外姑之無依而終其養又嘗封外舅氏之先之墓而
爲之碑又嘗平崎嶇於南門之外又嘗建堠亭於北門
之外於戲先生固寒畯而能孳孳敦善行若是使生當
兩漢以上知不僅以諸生終充其好善之量何所不優
而乃也浮於力執綱於時徒使高其義而賓師之者止
邑之長載其生哀其死而俎豆尸祝之者止一邑所

及見聞之老幼男婦宜先生歆然終身易簀時猶戒其諸子毋述毋狀也有子五長鈞培以乙酉拔貢生來京師與余交久伉爽磊落無誑語述先生行事多可信戊子春先生年七十杜侍郎堮爲之敘歸鈞培以壽先生弗自得也是年冬卒辛卯鈞培復來京師適雷陽黄煥後至曾宰慶元稱賢吏偶與語輒道先生行善不置聞之益信爰述其概以備志乘之采

歲進士葉君傳

教諭 沈鏡源

葉君名之茂字松濤城東人善讀書明大義自少失恃

侍奉後母克盡孝道不逾所生凡親有疾必躬親湯藥
一切竭情盡誠蓋由家教克承亦天性純篤使然且秉
性慈祥立心公正凡修　文廟文昌宫嬰堂社倉宗祠
諸盛舉亦無不捐資樂助并董理其事始終不懈至若
脩橋亭砌道路所以利物濟人者悉捐資佐成之嗚呼
葉君行誼卓卓如是可謂鄉國之善士矣余下車之始
君適遘疾垂危不克一覿面爲恨因署任詹雲航詳述
其遺行竊心儀其爲人今值修志乘伊子榮葵亦門下
士恂恂篤實亦余心所夙契茲邦人士以其尊人脉來

告余不敢没其善行爰援筆而爲之傳

王茂才小傳　　教諭　沈鏡源

戊子歲余奉命秉鐸是邦下車日諸生來謁有王生成績者器宇英特叩及經史俱能成誦心甚器之細詢來歷知生年甫成童早負時譽縣府試輙冠軍十八歲受知　朱部憲以第三名入庠嗣後校閲書院官課及月課卷喜其文筆超拔且行止亦恂恂儒雅决爲遠到之材庚寅歲試循例舉報優行辛卯科試　李學使拔取第一名補餼去秋恭遇

恩闈余期其獲雋以爲力學者勸詎知福慧難全七月間以攻苦遘疾不克應試至九月竟致不起當此白髮紅顔煢孤呱泣撫懷四世心甚感悼余撿閱生遺稿擬梓數首以慰泉壤盖悲其志之未伸且惜其才之見厄也猶幸善人有後是亦天之未喪斯文也夫現值吳邑侯修輯邑志採訪遺行爲綴數言以附簡帙之末云

道光壬辰歲八月初吉

田茂才艮小傳　　郑縣　吳綸彰

余視篆濛洲甫下車亟詢及邑中之秀髦盖宰所與廣

教化美風俗壹統類者惟此一二有本有末之士爾慶之北土竹口有田生艮兄弟者頗有讀書聲余聞之心許可焉庚寅余至竹口停驂所憩堂生之父嘉修亦邑明經以公事至余見其人謹厚而知其子弟必慤愿也艮明經長子幼時日誦千言穎悟過人因家貧急於治生讀書稽古僅以餘力及之及應童子試陳前令以生冠軍蓋艮於此事實有宿根者生至性醇篤志學之年即代其父經紀家務其父先豐後嗇然性豪好施而生雖處空匱之時所以承親之志者務期如親之心而後

安以故年未弱冠以孝聞生在鄉黨恂恂如孺子處醜夷恭敬遜讓未嘗有忤物之色噫以余所聞邑中之彥如艮者其殆昭質未虧余懷信芳者歟辛卯冬其翁謙余門生也以其兄艮行狀乞余爲作傳余撫膺太息曰田生行誼有本有末余聞之久矣今年方英妙遽太還此豈特田氏之不幸哉耗至余心惻爲之傳以誌余悼

賦

濟川圖賦

沈維龍

甌閩分土松源誌鄉漢魏兮鴻濛唐宋兮啓疆寧宗錫萬氏族方張人繁物夥山迴澤藏地鍾其瑞氤氲萃著人挺厥靈豹隱鸞翔陰霞帔陽堆谷岸嶼紆其臯陸前白蓮後白鶴旃檀拂於阿曲迺若天馬岩崿於霄漢冠頂巍峩於亭毒積源於層嶂重巒之嶙迸泉於削玉懸崖之險觸石噴泄怒濤奔派然後滙爲清泓轉爲迴瀾分燕渚出龍潭千溪萬壑而西爲赴海之湍此濟川之

可望而遡也廻巃内扃捍門鎖鑰東曰仙桃茂木鬱葱
黃公遂之羽化丹鼎寄乎仙蹤西曰薰錦對峙豊嶐異
樂隨乎天仗三橋架於長空帀垣聳文筆之奇輔壘頓
捲旗之峯環四面而揖拱合二水以朝宗其土則丹青
白坿其石則砥礪珷玞其卉木則蕙圃蘅蘭射干芎藭
其異類則鸞鸝騰遠謝豹鷄鵝衆物居之不可勝紀其
遊觀則曲欄危榭怪石芳池雲承綺棟霓掩繡櫳清泉
湛於中庭肉芝產乎踈籬情暢意怡東臯西畦原隰曼
衍犨婆潢汙夏熟黃雲秋殖高庾于時瑁甃修髓劍佩

璘辰清風雅座雄譚揮麈四方之賢俊咸萃甫而曳華裾摛辭藻發攄心繡語此都雅博大之高致也望濟之名宗芸士有之朝絃暮誦家詩戶禮執讓撝謙策勳帝里聯軒結綱此人文彙征之盛作也望濟之儒紳俊髦有之兩衛九逵路闐帶淛白叟黃童雁行臚列男舉趾婦饁饟競郎之鶯矜不值懷春之吉士何慕敦本尚行相友相助晏息蚤作株守其戶此淳龐古始之遺俗也望濟之父老子弟有之於戲斯民也曉灑獨醇時究獨賢豈其本性之殊異夫亦風氣之相沿嘗悲蠶市之樓

臺不久瓊璃之盎瓻不堅時澆時塒究孰與望濟之葆廱

抱樸而喁喁乎擊壤之堯天歌曰高岫兮神棲危構兮

雲齊素封兮適睢鳳異苞兮麟異趾芝有苗兮椿有萋

溪沓碧兮天上下山凝翠兮月東西後賢接武兮擅英

青龍騰躍翩兮耀雲逵樹德兮發山川之靈秀人傑兮

慶元兮之昌熾

鏡山賦并序　　　　教諭　孫之騄

暮春之月百草萋萋顧望有懷不能自遣乃步出東門

至於後田沿溪行水光泓澄儵魚出沒於清[illegible]

數士人日鏡溪也岸多大杞紛敷蔚藹夏月淸涼揚素波以濯足蔭垂陰以爲蓋徘徊相伴游精域外行里許過丁步上沙洲見羣峯嵳峩壁立中有小山焉平圓如鏡之在架上主人曰此鏡山也山路紆迴迤邐有亭巋然樓閣差參隨勢下上綠苔分徑蒼岑對室雜木美卉葱蘢翠密蘙晴開曙景天風歛黛俯聽鏡潭之淸泠目眺闤市之鱗萃平楚蒼茫恍然在目噫是山也高不出羣峯之上而獨以鏡名其體是陰陽之爐鑄化工之鎔範有私於造物者矣乃爲之賦曰

覩形責影能見形容覩人行事能知吉凶鏡之爲用萬象昭融拂拭斯明塵垢廼蒙豈若兹山不藉磨礱至静德剛含物化光凝耀烱烱散彩洋洋不將不迎應物無方同實錄於良史隨善惡而是彰魍魎逢之而立辨魑魅匿影以潛藏山雞見而起舞海鳥集而翱翔惟鏡之明可以鑒形惟鏡之清可以洗心清本不濁明豈能昏不濁不昏故能鑑百態燭无垠上洞玉清下徹太寧日月並曜星辰列陳大哉鏡岸豈徒帝山之銅鑄而成質拂亦大塊元氣結而爲山者歟是以君有鏡以平政臨

下必簡臣有鏡以厲節在邦必開若夫山不稱嶽谷不出雲屯邅千古泯滅誰論玉鏡沉埋蔓草縱横禽鳥棲陽熊羆虎屈陰寒泉懸涌湲湍流帶林薄叢篭幽蔚隱藹東方曼倩見而稱曰惚兮恍其中有象杳兮冥其中有精洞碧空其何際湛清潭其絶底鸞舞翩於曨曨龍怒鱗於清泚淮南王曰旨哉大夫之體物也

慶元陳侯惠政亭碑

括多巖邑慶僻處郡西南四百七十里與景寧龍泉溫泰順閩建寧相脣齒尤爲險阻山坑間小醜往往出沒官兵或不能禁戢積數十年爲害爲之令者豈不憂乎其難矣哉唯聖天子明見萬里時毋軫念慎選賢有才者任是職而今平川陳侯實膺茲選下車喟而曰匪兵無以衛民匪城無以固衛二者可不謂急務然兵凶戰危城築費且勞如之何退思者久之深惟坐視赤子橫罹轉掠仁人所不忍矧一方民社寄之我於是捐俸

米代糧餉親帥鄉壯兵奮身出戰於竹口楓塘歷三日夜殲渠首四十級生獲徒百有五十餘直搗巢穴餘黨悉維其眾鄰境同賴以安繼遂經畧版築事條便宜上監察守巡報可乃行邑寺田查備寺僧梵修外召賣月餘得田金七千餘木甃瓦石之材揆度築削之力咸以取足屹然保障延袤七百餘丈通道於八閩慶元路稱周行自茲始父老縉紳感其惠政駸駸乎頌聲作矣咸曰兵以靖亂一時城以設險萬世我侯安民之功大且久若是觀風氏最其績爲兩浙第一丁未侯嘗入覲父

老搢紳又方憂其遷去相與謀立亭鐫石以紀不朽予爲令之職首惟安民而侯處其時礥乃克施其賢有才以底平禍亂以保乂茲一方斯不爲恩難圖易舉稱其任者乎予仲弟子揚始以天官郎主東廣試事得侯之文覘其不凡也觀侯之作用實能攄發所蘊廼知文匪空言而予弟之識鑒亦於是驗云抑先王所恃以治安猶有進於是者不兵之兵不城之城仁義是已侯筮仕以來執道範俗知既足以達此肆令朐富甲兵爲國干城應變秉經綽有餘裕裒然爲循良稱首有以夫由是

推之能日施於四方何莫而不爲慶元也金鄉經衛劉
侯嘗與督城後謁文是爲記嘉靖貳十陸年正月之吉
朝議大夫福建布政使司叅議東崖王澈撰通議大夫
太常寺卿兼司經局正字直文淵閣侍經筵預修玉牒
國史官清泉周令書篆

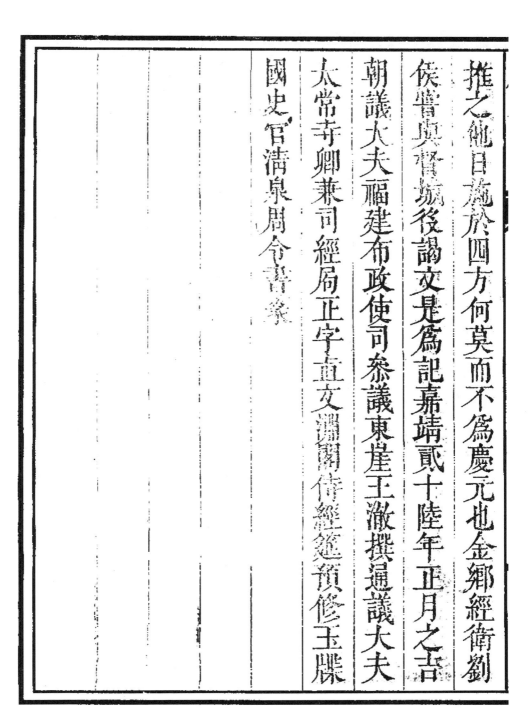

革除夫役碑

知府李昉

爲覩禁仍派事乾隆五十九年五月二十九日奉布政使司田憲牌内開乾隆五十九年四月二十六日奉巡撫部院吉批發慶元縣民陳光梅等呈稱身等慶邑小民雖居山僻當差繁苦每於大小各村私立額規大村六夫八夫不等小村四夫每於差喚不敢不到皆因當差無價給發有力之家私自津貼書役無力之民遇差即拿而又需竹要木責任貧民辦繳惟勒當官不知發價上年恩蒙前撫憲長洞悉民隱出示嚴禁在案爽如

兵書姚德賢工書吳春慰仍踵舊習勒派如故呈叩嚴行示禁等詞奉批藉差勒派久經飭禁該縣何得尚踵前獘縱役累民大屬不合仰布政司嚴行查禁仍候本部院通飭曉諭一體革除等因奉此查藉差勒派久經前撫憲及本司通行飭禁在案該縣何以尚踵前弊縱役累民大干法紀合行嚴查禁革仰府官吏文到立即先行出示嚴行禁革等因奉此當差勒派久經各大憲並本府嚴行飭禁在案茲慶邑民陳光梅等具控乃尚有不肖書役仍踵舊習違派累民深堪痛恨除飭縣查

報詳究外合亟出示嚴禁爲此示仰闔邑書役及夫頭
人等知悉自示之後各宜恪守律紀毋許藉差滋擾派
累閭閻設遇差使公平僱用毋得違例勒派鄉民倘敢
陽奉陰違仍蹈前轍定即嚴拿按律定罪本署府言出
法隨斷不寬貸各宜凛遵毋違特示
右碑於乾隆五十九年六月二十四日由府給發知
縣李寶型奉文傳諭邑民於縣門前五都坑口竹口
等處勒石示禁永垂不朽

奏文

請予議敘尚義疏

國朝巡撫 劉彬士

爲尚義輸捐詳請具題議敘事文選司案呈吏科抄出浙江巡撫劉彬士題請於道光九年六月初四日
議敘一本該臣看得定例士民人等捐修公所及橋梁道路實於地方有裨益者由督撫具題造具事實清册
送部其捐修至千兩以上或田粟准值千兩以上者均
請
旨建坊如有應行旌表而情願議敘者由吏部定議給與頂

帶禮部毋庸題請又各省地方遇有修築城壩義學社
倉等項公事紳衿士庶有樂於捐輸至三千兩及三四
千兩者題請從優議敘等因遵照在案茲據布政使慶
善詳稱慶元縣增生姚鸞樂善好施修建各項工程並
置義田捐義穀共計四千七百餘兩洵於地方實有裨
益據府縣取具事實履歷册結詳請照例具題從優議
敘等情到司相應據情詳候察核具題等情前來臣復
核無異除册結送部外理合具題伏乞
皇上

聖鑒敕部議覆施行等因奉
旨該部議奏欽此欽遵抄出到部後該紳士所捐銀兩業由
該省給予匾額者毋庸再給予議敘外應將捐銀三千
兩以上增廣生姚鸞給予州判職銜等因具題於道光
九年七月十四日奉
旨依議欽此

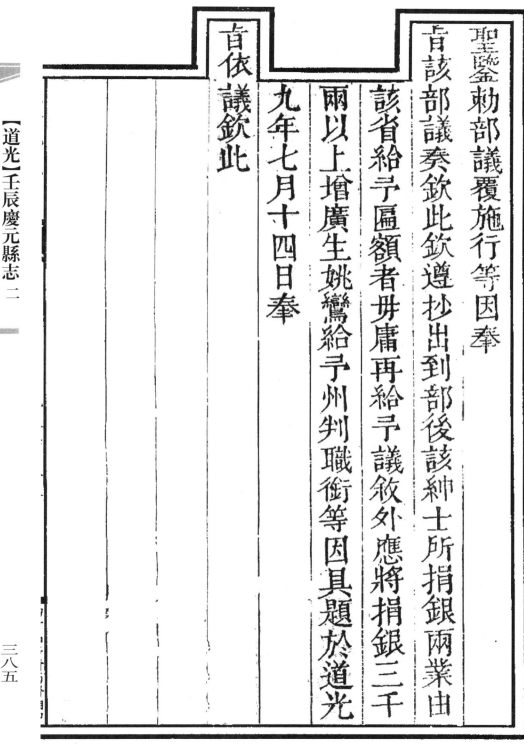

箴

書濟川中宅祠堂四箴

當湖陸隴其

父子箴

子孝父心寬斯言誠爲確不患父不慈子賢親自樂父母天地心大小無厚薄虞舜日夔夔瞽瞍亦允若

兄弟箴

兄須愛其弟弟必敬其兄勿以纖毫利傷此骨肉情周公賦棠棣田氏感紫荆連枝復同氣婦言甚勿聽

夫婦箴

夫以義爲良婦以順爲令和合貞祥生乖戾災禍應舉案必齊眉如賓互相敬牝雞一晨嗚三綱何由正

朋友箴

損友敬而遠益友宜相親所交在賢德豈論富與貧君子淡如水歳久情愈真小人口如蜜轉眼若讐人

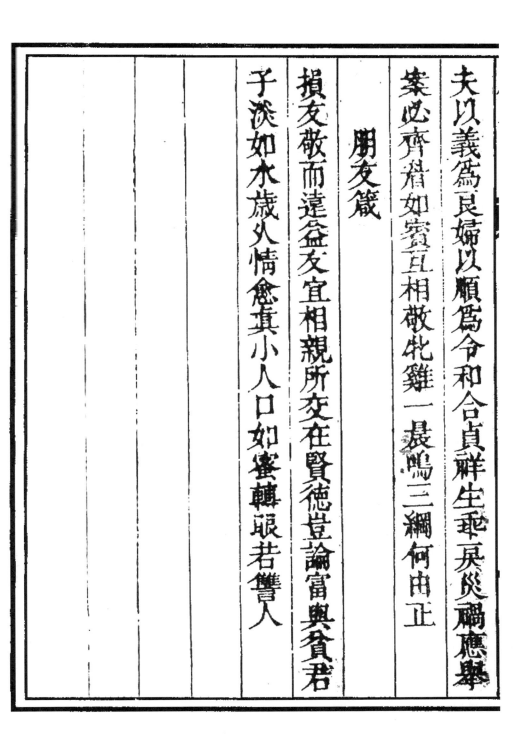

詩

五言古

石龍山

葉祥

石龍何蹲踞，不飛向天去。一口汲龜川，吟卧薰峰邊。問仙何年始，鐘鼓掛龍耳。高高龕之前，松亦老多年。松子落無數，其聲疑驟雨。碧磴淨無塵，苔花繡冬春。汲泉烹石髓，寒芳拾霜蘂。水雲氣味酸，鹿虎共眠餐。龍頭明月小，龍尾烟雲繞。

斑岱山

吳王鐘

萬斛雲濤響白練掛秋空石簸聲飛吼曉日射長虹烏啄時疑雨猿嘯不知風但異匡廬趣世途塞亦通明珠常噴薄斂人用不窮終願歸江海長辭泄澗中

松源川　吳玉賓

川勢百千曲濤呼萬古清松老雲氣結龍吟不斷聲誰作濟川手渡子一葉輕岸逹水同濶風恬浪正平竹裏人家小晴峰插天明沙邊鷗鳥宿朝暮與誰盟

前題　知縣　關學優

灣灣復曲曲踏遍古松源川水清且淺夾岸都成村

雲鶴堂

本府知府　高　超

我來雲鶴隨我去雲鶴依蓬萊尚咫尺何天不可飛

前題

知縣　闞學優

雲是常時住鶴今飛何處須知鶴與雲無心任來去

石龍山

知縣　闞學優

登山山屼嵂躡石石嶙峋恍惚龍變化隨屈復隨伸龍首昂百尺俯瞷城之闉龍尾曳千丈環圍河之漘有時雲欲起石怒裂其根有時涎乍吐山淨濕無塵問松何年種都忘漢與秦松老龍亦老片片垂蒼鱗豈知龍有

窟別開洞中春山石自今古賞識會幾人

鶴仙閣　　　　知縣　關學優

禱雨雨即至華道仙有靈依壇搆傑閣千尋接青冥月
靜鶴爲馭風高雲作梯去住渾無定經歲戸不扃

同章癖山遊石龍山周懷寧治具招飲豐樂亭

本府教授　張　駿

松源授客館坐卧對石龍經旬沮霪雨但見青濛濛今
晨忽開霽游興乘清風出門占同人杖策欣相從曲磴
鎖蒼翠夾峙皆虬松孤亭山之半萬象羅此中華山亦

龍族一一朝其宗載登梵王殿飯後龍撞鐘螢觴辦咄
嗟羅列肴何豐循環縱拳博哭𪉱交談鋒餘酣漱仙井
甘冽開心胸歸歟發長嘯斜陽掛高峰

登半天嶺　王元衡

高峰揷蒼旻標奇五岳外攀緣登絶頂始識乾坤大呼
吸帝座通彷彿聞仙籟俯看波洶湧百川若交會日出
萬象澄清風掃埃壒乃知非波濤下方雲靄靄

七言古

石龍山　李畤芳

石龍山色何巃嵸芙蓉片片開晴空蜿蜒迤邐下林麓
惟石壁立倚長松長松聲聞元帝闕石龍昂首如端笏
梵宫林樹鎖昏霞清磬疎鐘墮曉月懸崖小洞可藏春
修竹斜穿苔逕匀仙人長卧不知歲閲盡世上古今人
借問佳勝誰闢剖南國樊公五丁手搜奇歷歷到如今
可比柳州柳太守躡屐不盡看山杯淩虛作賦日徘徊
山靈于今重生色令人千載仰鴻裁

巾子山　　徐道源

八月二十有五日雲起薰山甚奇特烟收四望碧天晶

忽見空中呈五色初如飲澗一長虹倏變彩橋三道直
北山之北巾子峰橋跨兩山幾千尺仙人稅駕固不疑
亦是鄉閭好消息春風早晚狀元歸先是祥光動塵陌
後來接武應有人寄語吾儕勤着力

松源山　　季 炷

環城山作障松源山更奇虬松老歲月不辨秦漢昔古
柯疑化石干霄雲影碧亭亭積翠緣生烟斜曛返照幻
蒼赤一泓澄澈寒潭空林際殘陽倒影紅千邮烟火傍
山麓一曲清歌調晚風君不見古來名勝洵多美物色

無人終爾爾又不見子厚當年好捜奇名山終古稱知
巳我來登眺復啣杯一派松陰入望來陶然共醉松山
下新月盈盈照晚回

百丈山　吳運光

百丈高崎城以北霞屋雲樓深莫測千峰萬峯揷層霄
長天倒映青紅色我來振衣越其麓絕頂摩天一極目
崖泉飛雨白日寒烟山點點皆羣伏惟有層岩香露新
當年蜕化玉爲人蛾眉不受人間妬採藥山中別有春
一自青虬入丹府鏡色埋秋光無主石磴猶留舊帶痕

林梢彷彿霞襦舞君不見名媛幾許葬金屋百歲星霜
掣電速但見嵩邸峁麋鹿何如身乘彩雲歸名件山青
與水緑

前題　余鈞

層巒四塞割昏曉百里山光青未了惟有城西百丈山
一峯獨俯羣峰小靈石嵯峨高千尺中有懸崖與峭壁
高磴危梯躡飛翁晴日當空直蒼赤我來覽勝方年少
一觴一咏一長嘯曲徑通幽多白雲龍湫古井恣登眺
憑誰指點覓仙踪刀尺履痕石邊逢竟日探奇奇何限

烟嵐杳藹若爲容自來勝地尋幽草萬籟沉沉秋覺好名媛一去幾時歸空山無人終不老

白馬山　吳王眘

東山矗矗奔雲下行客傳呼爲白馬雲生毛鬣向風嘶霜蹄蹴踏花滿野山花爛熳穿林綠錦韉雕鞴馳駿足隔溪啼鳥奏清聲夢回馬上聞新曲吾聞茲白之馬來西方萬里一息恣騰驤局促轅下詎足數胡不追風逐電如飛黄

百花巖　吳麗明

危峰孤高勢湧出韜霞捷雲礙白日我攜筇杖躋其巔
萬山攢翠森森立高臺落星橫千尺不見黃冠相對奕
崖邊靉靆罩流雲岩下楸坪撑惟石流雲惟石掩蒼苔
昔年樵子不歸來金榼綺樹知何在但見燦爛百花開
花迎野徑鋪秋色姹紫嫣紅紛似織依稀當年洞口堯
散落山南并山北

將軍嶺　吳勣

天上何年落將軍憑高踞險勢凌雲無邊壁壘蕭蕭合
四顧旌旗冉冉曛我今且隨將軍度黃茅白葦紛無數

墮馬巖深踏寒雲落魂澗曉迷烟霧一灣過盡復一灣
回頭不見嶺南山憶昔戰敗馬陵道而今且過鹿門關
將軍對我默無言鄉校疾走真可憐汗流浹背猶未已
道逢梅樹口流涎我願將軍聊駐馬豈願將軍數舉鞭
行盡六步與七步直陟關頭分去路將軍送盡往來人
坐鎮烟嵐億萬古

前題　　劉光魁

巍然大嶺名將軍遥高雄踞千青雲壁壘重重勢嚴肅
棘門灞上何足云眾山崢嶸如慴伏棱隊駢羅紛部曲

森森萬木植戈鋋長松千尺元戎纛野花艷艷遍山隈
如荼如火紛伴堆兜鍪切雲長纓麗赤甲耀日金鱗開
時淸百室皆安堵從此將軍不好武名山有約儘盤桓
數聲啼鳥來花塢

遊石龍山　　教諭　章觀嶽

石龍山高登半天雲日暉映共留連横空直上勞蹭蹬
俯瞰郵落萬井烟松濤入耳吼宮徵層嶺奇峰類劍鍔
山中忽遇賢主人危亭把酒熙日落與酣欲作竟日遊
仰觀飛鳥鳴啁啾摹碑淡字尋古跡豪吟長嘯山之幽

昔賢詩句教我讀流覽篇章珠百斛山儂不識何姓名
羽客仍披古衣服吾本甌江慣乘船忽來此地遊逍遥
海門烟水空萬丈不見扶桑聽採樵

謁陳夫人廟

訓導　胡會肇

城卤有廟峙山麓歸然新宮殿遥矚古柏參天黛色濃
柯如青銅盤屈曲森然魄動謁仙靈廟令言是陳夫人
古田有女行十四生而正直没爲神夫人降生唐太歷
宋封順懿褒坤德閩嶠咸蒙呵護靈濛洲更荷吹煦力
廟宇不知剏何年萬歷壬辰脩故老傳神光昭爽歷久遠

蕆時致祭禮爽愆祈禳報賽紛士女酒清於罇殽列俎
雨暘時若疢癘消叜有孚馨神賜與紅花頳面祝中閨
夫人之靈陰佑之日裏風前紛跳走蹟中神力爲扶持
衆心感戴神功溥廟貌重新闢堂宇文棁鏤檻塡青紅
璇臺高敞鷰歌舞日之吉兮神出遊擢雲芝兮揚綵斿
華鐘聲鏗鼓嘈嘈燈光豔豔明山陬廟後青巒勢嵂崒
廟前溪水青湍急山高水長爽終極萬載千秋綿血食

登半天嶺

李學勤

古云地之去天億萬七千里有奇荒唐之說殊可疑誰

將尋丈細揣量上窮碧落下平坡嶺名半天復何據祇
言峻絕無等夷積雨新晴秋氣爽同心數子攜衣上前
見巖底後見頂石級岩嶙時攀掌凭高四望迥無垠衆
山崱屴羅兒孫纓絡恍聞仙樂奏翕忽如見雲旗翻吾
聞宗動之天爲最高剛風日夜鳴調刁此嶺已在天之
半森疎萬木聲蕭蕭神寒骨冷不可以久駐如何九垓
之上恣遊敖

五言律

薰山　知縣　程繼伊

極目薰峰麗透迤陟㟧微經春山作黛積雨石生衣壁
峭捫蘿磴樹深認竹扉仙橋何處渡冉冉白雲飛

石龍山　　知府　周茂源

忙裏登山快囂塵淨此間摩霄雲影落捫壁石苔斑樹
杪烟浮碧雲流鳥度關登高慚作賦新月壓肩彎

巾子山　　程維伊

彩雲五色分蓊葧氣氤氳嶺上廻巒色溪中映水紋參
差舒繡錦聚散布元纁莫嘆濯纓拙峩峨渡夏雲

百丈山　　吳潭

烟蘿封谷口轉憶武陵源峭壁雲光畧廻溪雪浪翻鐘聲清俗慮鳥影破烟昏地僻堪留憩寥天掛月痕

題龍湫　　吳希點

懸河雲半落誰擘碧岩開瀑吼山疑動濤奔雨忽來飛花侵點筆濺雪照啣杯康樂空耽勝靈邱翳草萊

前題　　訓導戚光朝

两崕懸峭壁古色老秦松恠石疑蹲虎靈湫隱蟄龍瀑聲驚雨過仙跡借雲封坐久寒侵骨遥聞隔寺鐘

蓮花山　　吳自明

極目蓮峰勝，清猿到處聞。是泉俱作雨，無石不生雲。拂席松陰合，侵衣竹色分。此間非捷徑，安用北山文。

烏蜂山　吳鏐

數折危巒上，巍然變大觀。村烟來一色，泉壁響千端。雲淨清天濶，風高白日寒。此中堪小隱，誰道出塵難。

溫洋山　葉上選

青林連海嶠，鳥道逼天高。古洞長留雪，蒼松屢吼濤。香菰搴野蔌，鮮苻采溪毛。別有仙靈藥，誰誇阿母萄。

廻龍山　周貞一

紆曲千盤嶺高高雲氣凉崖泉翻雪浪石骨傲氷霜嫩竹迎人綠飛花繞殿香清齋禪誦久歲月坐來忘

洶洲川　吳銓臣

白雲侵竹徑綠水夾洶洲野燒光連曙踈林響帶秋危橋欹野岸廢寺接荒邱不奈溪流淺無因泛小舟

鏡潭　吳世臣

選勝臨東郭霏微翠欲霑空潭澄玉鏡飛瀑散珠簾竹閣褰書幌花村颺酒帘漫愁歸路晚林外月纖纖

石龍山大士閣　周宣明

高閣俯丹梯攀林路不迷翠屏環列嶂雪浪湧迴溪遠岫看雲出長松聽鳥啼終朝環坐嘯日色漸沉西

望京臺　　季海

層臺百尺餘縱目徧村墟幽思詩陶寫閒愁酒破除花隨春雨盡標帶暮烟疎何處是京邑迢迢望碧虛

桃洲溪　　教諭徐應亨

一官成吏隱何處問桃源野館雲爲幄山家樹作籓浦烟迷過雁松月照啼猿最愛東岩水晴沙映日暄

普化寺　　江南萃

蒲團禪意好來坐適閒情夜月明無相晨鐘寂有聲弃天雲絮靜呪鉢火蓮清默默時標指萬緣一粒輕

莊嚴寺　教諭張　晋

寥落前朝寺香臺幾廢興祇聞還舊觀誰為續殘燈經藏無完帙齋堂有老僧仙禽誰說法不必問迦陵

淨悟寺　葉方齡

年來耽寂寞古寺縱遊情遠望萬松色近聞一磬聲巖雲常作侶埜鳥自呼名靜坐蒲團上心同山水清

淨心寺　周班𢓜

十載參禪意不離一淨心翻經彈佛火分粒向山禽幻看鉢中影空傳磬外音茶鑪留我處暇日更相尋

大覺寺　推官　顧大典

欲識靜中趣來爲野寺行空門諸品寂覺地一燈明雨過草初茁林深鳥亂鳴老僧相指顧不解有逢迎

雲鶴堂　季　炷

傍郭開蓮社悠然别有天人煙浮竹外粉堞掛山前僧老存松性茶香沸鉢泉登樓閒徙倚坐月可安禪

白蓮堂　姚春榜

九春遊勝地呼杖一相尋駭鳥鐘初響藏雲竹欲深溥
寒齋水氣幽靜見禪心我欲聯詩社臨風幾度吟

前題　吳啟甲

癖愛逃禪地穿雲載酒行山圍四面綠泉瀉一泓清梅
雨滋苔色松風度磬聲北窗時獨咏猶憶遠公盟

楓林庵　葉益章

乍雨溪聲壯新晴度石矼遙青連古寺飛翠撲高窓鳥
下鳴齋磬僧來樹法幢不須聞半偈早已片心降

萬松庵　陳誼德

蒼翠萬松色蕭齋掃俗氛鹿過花睡醒客到鳥知聞暑
日冷於月午風淡作雲未容僧獨占淸景與平分

雲泉庵　周自吳

松竹擁高峰雪消春始暖荒畦靑草盈幽壑碧泉緩寺
僻老僧閑花殘嬌鳥嬾袈裟晒日晴方丈閑雲滿

勝隱庵　吳王賓

千嶂簇芙蓉穿林翠幾重斷崖飛雪瀑怪石起雲峯松
吹流淸梵猿啼帶曙鐘禪心何處覓不住是眞宗

百花庵　周班誥

西風吹杖屐蓮渚漸漂紅社近催歸燕秋深下旅鴻位
蹤留翠巘丹訣乞黃公咫尺鄰仙嶠無勞問海東

前題　周明新

春覽靈巖勝境刪萬斛愁剎孤鐘正午花滿樹非秋絕
壁佛龕險連雲仙路浮野鶯陪嘯咏莫笑雪盈頭

伏虎庵　吳松年

松關重復扣清境絕塵埃殿迴涼雲駐窗虛皓月來微
風過竹嶼淺水遶山隈勝景供幽賞寧愁夜漏催

前題　吳夢犀

覔春開野步坐聽雙溪聲刱鳥爲山主要松與竹盟風顛花未發雲孏雨初晴事可圖三笑渾忘此一生

清隱庵　　葉中柱

遠嶠孳初月晚鐘一水間燈龕嫌佛惰雲甫悟僧頑寂寂春堪婪悠悠我共山心聲成五字獨舞乞誰刪

前題　　季玠

到此全無暑南風洗客愁煙生迷竹綠響細愛泉流心與雲俱淡人偕山共幽只須生橡栗此外亦何求

天堂庵　　陳之錦

深竹隱巖屏疎鐘度翠微猿啼山月出犬吠寺僧歸桂影臨窗動泉聲遶榻飛西來意何限色色演禪機

前題　劉作愷

何處尋蓬島孤峯差可攀野雲歸澗底曉日逗林間客到茶初沸經翻石未頑登臨還嘯咏松月滿禪關

普濟庵　吳王選

翠巘叢儒桂蒼崖覆女蘿山光晴愈近谷響夜偏多說法依龍窟棲禪傍鳥窠老僧殊眷客何日許重過

山岡庵　吳王鐸

石以凌風起盤迴境若疑逶迤分鳥道浩蕩接雲旗碑字苔文古僧聾答問奇一泓清可鑒彷彿報鬚眉

慈容庵　吳貞臣

巖窩藏古刹石徑繞溪行雨剥殘碑暗雲開遠岫明鳥隨秋葉舞猿雜曉鐘鳴正喜僧居寂棲禪斷送迎

盤石庵　周九苞

愛此禪居好登臨曉氣清有巖皆古色無樹不秋聲竹裡僧同坐窓前鳥自鳴已忘塵世事但看白雲生

石龍山三官廟　吳之球

山高堪遠眺崖際隱孤城羣動都歸靜畸途一望平八家連水色霜樹有風聲耳目何超曠渾忘世俗情

順濟祠夏旱謝雨　知縣　程維伊

雲密薰蜂暗甘霖正及時郊原清暑氣隴畝發華滋澤潤千畦稻功垂萬古碑寄言仍叔子不必賦禂詩

戊午秋日登石龍山　教諭　徐宏垣

龍山秋更好九日趁斜暉刈稻千家靜亭空一雁飛酣歌忘帽落冷卧識雲圍早報僧蔬摘加觴且未歸

偕諸子遊石龍山　姚長渟

首夏龍山上到來豁遠眸雲峯開絕巘曙色落青疇攢樹千家小繞城二水流還忘足力倦相與記斯遊

謁馬夫人廟　　訓導　胡曾肇

何處昇仙去言從百丈山透迤留石徑縹緲失烟鬟名列金銀闕靈昭甌栝間蘋蘩時一薦勝境擬登攀

竹口署漫成　　知縣　闕學優

昔年聽政地幾樹布棠陰愛我婆娑久增人感愧深肯辭陶運甓難得宓鳴琴不寐自終夜前山月滿林

過劉殿元墓　　闕學優

人已委荒邱名仍萬古留文章推宋代政績著緜州石
嶺寒烟淡巾峰瑞氣浮問誰重振起相與繼前修

過陳尚書故里　關學優

倏爾高飛去雲霄破幾重羽毛誇似鳳頭角儼成龍名
以天官著靈因地脈鍾至今竹溪水猶自繞青峰

七言律

登石龍山絕頂　知縣李肇勳

岩花野草露溥溥絕壁蒙籠竹萬竿攜杖向誇腰脚健
振衣直逼斗牛寒數聲清磬來丹府一片閒雲擁石壇

漫道仙凡終自隔，于今拔宅可同看。

登石龍山　　李熴

石龍昂首幾千尋，飛閣凌空閱古今。廬舍共欣霑闓澤，郊原更喜渥甘霖。松岩月映高低影，竹徑風吹斷續吟。自媿鯫生材譾薄，許同攀躋樂難禁。

次季生韻　　知府　孫大儒

淨土人間何處尋，石龍勝蹟古猶今。攀登未必遂高蹈，遊息還思沐法霖。霧隱花斑看豹變，松搖風韻聽龍吟。斜陽忽聽鷓鴣語，便覺淒其不自禁。

登石龍山　季鍾儁

家對龍山看未足興來獨上最高峰四圍遠岫雲光冪一道長溪雪浪衝竹爲雨餘青似染松經霜後翠偏濃人烟燦燦康衢樂歸路遥聞古寺鐘

遊石龍山　知縣程維伊

嶙峋㟥石象疑龍直駕青雲接九重一抹斜陽明遠岫千竿修竹列孤峯林間好鳥風前囀巖畔繁花雨後濃景色流連吟不盡歸來遥聽暮村鐘

前題　知縣鄒儒

石龍曲折逼雲隈偶値公餘到幾回問俗有心尋古跡
逃禪無計托僧媒一城烟火愁中看萬疊溪山夢裡開
兀坐危亭茶盞熱渴腸怕見酒杯來
前題　　教諭　章觀嶽
幾年岑寂絶貪嗔節屐閑遊老此身越嶺高盤垂鳥翼
攀松直上踏龍鱗烟嵐翠滴山中景猿鶴音清物外春
愧我未能忘世味雨花臺畔漫逡巡
九日登石龍山　　吴　鑾
我契前賢愛此臺每逢重九劇徘徊亭中作賦烟霞集

嶺上舒懷眼界開霞帔雲山皆北向仙尭風雨自東來
茱萸遍挿思無限浩刧鐘聲任晚催

康熙辛酉春月　李爻師集諸生於石龍山肄業
每逢二月躬臨衛文奉陪一豫亭

吳銓臣

光風萬里拂春臺石磴千盤恍接台下榻自懸孺子望
揮毫共識謫仙才嵐烟漫向南溪合花氣還從夾道開
人坐松巔雲路近論文樽酒溢瓊杯

前題

李灴

龍門咫尺接金臺燦爛文星映上台胸有智珠光滿座筆懸藻鑑課羣才著波萬斛兼春湧翠岫千層倚郭開雲裡依稀仙可問鳴琴一曲笑啣杯

前題　　吳淛

亭高鳥外石爲臺何幸登龍近上台崑玉凝姿驚藻操莊鵬奮翼𣟧英才風清百里琴聲遠地擁羣山霽色開試問文翁化蜀日曾多旨酒泛霞杯

前題　　吳松年

鳥織花封香滿臺聲名久已列三台自慙琢月非長技

且喜登龍有雋才較藝元亭岩壁下載觴曲徑洞天開
遥瞻紫氣飛雲外應上龍山泛酒杯

前題　周九如

一曲鳴絃出帝臺明星炯炯動三台衡文羣作登龍望
造士能爲吐鳳才澤沛萬萊朝雨合春廻黍谷夕陽開
鯫生徒抱縕衣好且向山亭獻壽杯

步龍山諸兄前韻時辛酉上巳辰也

知縣李叀繡

家山之麓有金臺出宰何由列上台每勸羣生勤爾力

更求多士竭吾才月來天上文心靜雨過岩前眼界開
羅雀庭閒無箇事喜君招隱且啣杯
其二
城闉幾曲上層臺羅列書帷近帝台五夜聞聲知爾志
十年作賦媿余才延陵有後諸吳出南郡無前一葉開
今日登山饒酒興槐黄不遠又繫杯
前題　　訓導葉榮
泰山雅望著燕臺司命文章列上台製錦花封多賓政
作楨王國育英才自慚振鐸鱣堂冷且喜登龍石室

開諸士淩雲應有志秋香擬泛鹿鳴杯

前題　　葉如鐸

花滿龍山月滿臺文星燦燦聚中台凴欄盡是登龍客
入座都稱作賦才問字人從松杪出載觴筵傍竹陰開
羅源多士頻投轄漏永猶傳濁酒杯

九日登石龍山豐樂亭步李公韻　知縣　王恒

兩度登高到此臺倚欄身欲近三台論文舊有詞宗客
選勝新饒武庫才地値豐年欣俗厚時逢令節喜樽開
滿前康樂堪娛目況是黄花泛酒杯

前題　教諭王炳

佳節聯吟擬栢臺懸知此樂勝登台叅軍龍岫凌雲筆
令尹松源製錦才亭額兼因豐歲易酒筵客值賞心開
臨風悵望偏睽隔座上應餘北海杯

前題　訓導程玉麟

幾度招尋到石臺攖心疑巳入天台慾期我負登龍約
紀勝君誇倚馬才美盡東南欣座滿風占場圃恰軒開
醉翁樂意非關酒百室盈寧侑此杯

大士閣　知縣樊鑑

萬樹松杉氣欝葱碧雲深護梵王宫躡虚恍見飛壺客
䠶隱疑逢啖髓翁絶巘登臨霄漢近四圍眺望海天空
婆娑醉向巖邊卧身在蓬萊烟靄中

大士閣　　知縣李肇勲

半間佛閣俯層城聞說高人此隱名入座曇花欣共對
飛空松翠若相迎岩邊煮酒頻催句山外傳更漸有聲
寒食可憐煙火寂挑燈遥見野雲平

大士閣　　西湖王功

閣外千峰擁坐隅龍門曲徑轉縈紆登高授簡才俱儁

覽勝飛觴興不孤自昔齊名推李杜于今託契亞蕭朱

即看避暑傳河朔把臂何妨逐酒徒

問仙亭

知縣　李肇勳

不須衫履不須巾太古遺來一散人最苦簿書塵俗累

閑邀雪月結芳鄰蒼苔鶴跡留丹竈斷續龍吟接暮闉

進火明朝傳上苑千岩花柳共精神

問僊亭

江右　湯開遠

石龍高嶺欝崔嵬千里遊觀亦快哉天外斷雲開遠目

林間皓月映深盃登山我愛青松色作賦君稱白雪才

日暮高臺聊徙倚一行歸鳥入林來

前題　　吳昜

秋高躡屐倚岩扃泛菊何辭醉復醒雲際鐘聲黄葉寺月中山色翠微亭繞枝飛鳥何時定深樹啼猿不忍聽偶憶謫仙還自問一編且讀蕊珠經

前題　　知府孫大儒

山門仰首覲仙庭鶴駕何年駐草亭岩畔花開旋復落岳陽人醉幾時醒白雲詩句留煙雨瑶島鸞音望窈冥對酒長歌非鐵笛凡間猶作玉簫聽

樊公祠　　知縣　李肇勳

自慚涼德守殘疆，節序遷移見舊棠。當日口碑猶可問，千年俎豆尚相將。壇依伏虎風生戶，門對石龍雲作鄉。圖畫滿前須領畧，新茶早已熟西廊。

百丈庵　　周九如

絶巘臨登着屐行，幽情乍向境中生。半林霜葉猶含態，幾處巖花不辨名。竹裏看山添翠色，泉邊聽鳥奏奇聲。歸時倦卧西窗下，四壁微涼一枕清。

前題　　吳鏐

暮山四望氣氤氲，摹盡苔痕石上文。古樹亂鳴將宿鳥，禪房半掩欲歸雲。無邊野景閑中得，一派秋聲靜裡聞。解識真如空色相，何妨木石與同羣。

百丈山　知縣　鄒儒

東風吹暖散春寒，偶向仙峯縱一觀。入眼林巒疑夙夢，任情笑傲告休官。山茶滿樹堆霞片，瀑布懸空滚雪團。風景此中真箇好，三年回首俗漫漫。

又　鄒儒

入來一望便悠然，信是山中別有天。樹老化龍攫霧出

岩深引鹿伴花眠鏡臺鎖月仙疑在韡跡蹊雲吏亦元

兀坐懸崖成默想幾時叢玉了因緣叢玉洞在邑石城山內多仙跡

馬仙墓　鄒儒

奇撥百丈遍雲峰蜕化堆遺第幾重淨掃紅塵無點垢

倒垂緑樹已非松杜鵑處處啼寒食澗水朝朝咽墓墉

羨煞仙媛真孝女千年馬鬣寄奇蹤

石梯嶺　吳貞明

林壑盤紆竹樹幽遥看溪浪雪花浮梯痕近覔升高處

石級斜通最上頭瀑落層岩飛疋練寒生六月似深秋

匡山漫詫銀河水此地還誇百丈湫

霞帔山　陳箴

何年神女下人間霞帔輕拋化作山朝露融融梳石髮澗梅點點綴雲鬟岩邊翠色分眉黛谷口淸音響珮環我欲披奇頻躡屐悠然相對樂淸閒

天馬山　知縣　程維伊

天馬岧嶢佳氣殊象形宜入瑞靈圖騰驤欲騁追風足蹀躞寧同伏櫪駒雲彩繽紛凝錦障花光爛熳擬流蘇道林過此應心賞買隱何嫌山徑紆

巾子山　教諭徐應亨

巾子峰頭駕彩虹，薰山一道往來通。霓旌冉冉飛青嶂，雲蓋亭亭擁碧空。仙仗依稀羣玉館，帝閽咫尺太微宮。先朝盛事誰當繼，多士應收萬卷功。

僊桃山　吳俸

嶤峯突兀紫烟開，空翠濛濛拂袖來。山漈近看疑雁宕，石梁遥度憶天台。春歸别圃叢花發，日落高林衆鳥回。斗酒不禁詩興劇，秪今誰是謫仙才。

鳳凰山　季叔明

比翼淩霄勢欲飛晴空躡屐攬清輝石經夜雨莓苔滑
徑着秋霜木葉稀南接幔亭仙窟近東瞻雁宕海山微
何年跨此吹簫去五嶽猶堪一振衣

棘蘭峯　季煒

棘底蘭香景最幽乘高躡屐足遨遊輕烟細細朝連夜
薄霧迷迷夏復秋絕巘行人天上落懸崖古隘水中浮
樓頭畫角當空盡夾岸風清聽鹿呦

青峰山　周宣

寒巖寂歷逈生煙絕頂岧嶢高接天曉色披雲[illegible][illegible][illegible]

秋聲襍雨入鳴蟬彝幽試覓豐干室攬勝還探慧遠泉
是處溪山堪寄跡結茅應老石橋邊

天梯山　吴其瑛

峩峩山勢甚崔嵬峭拔丹梯接上台紅日早從低處起
白雲時向下方來孤撑絕頂高無匹容擺羣峯亂作推
攀陟不嫌千仞遠懸崖眺望軼塵埃

屏風山　吴文顯

西南拖障禦屏風砥柱槎溪誰與同獨立淩霄推勝概
高懸絕壁倚遥空多疑四面五丁鑿更愛層巖一徑通

謝客如何不到此拾來好景問仙翁

青峯庵　吳王枚

倚天高刹勢雄哉雲際遥看般若臺花逐峭風飛作雨瀑經斷石怒成雷松篁籟發猿聲合島嶼煙消霽色開最喜空山明月夜數聲鐘梵上方來

雙溪庵　知縣　鄒　儒

連日探奇百丈西筍輿曲曲度雙溪竹松青裡桃含笑泉石聲間鳥亂啼閣峭自來雲作伴楊孤偏與月同棲禪關深處塵緣斷欲結團瓢傍澗低

又　　鄒儒

塵事匆匆興未闌，偶從方外訪蒲團。四圍山鎖禪關路，兩股泉翻偈語瀾。自愧東坡無玉帶，擬從勾漏覓金丹。他年莫負溪頭笑，請看淵明已掛冠。

勝隱庵　　吳運光

乘興登山景物清，草庵小憩俗緣輕。石多幽静忘今古，雲自癡狂懶送迎。斷壁猿呼千壑雨，空天鳥度萬峯晴。閒心倘欲尋泉脈，忽見林東月已明。

百花庵　　季良璣

聞道仙巖燦百花春風步屧入煙霞蘿侵石徑緣溪轉
竹遶山隈傍岸斜曲塢幽深藏佛閣迢邨隱約見八家
向來靈蹟未湮沒方信丹臺路不遐

準提庵　知縣　李肇勳

花雨繽紛灑佛堂倚風修竹戛青瑯溪流漸漸通閩海
山勢層層遶括蒼背色求眞參法諦乘虛得靜見慈航
何時共結蓮花社池上爭看五色光

亭瀏庵講席　李　照

溶溶溪水遶亭瀏舊院新修等畫圖滿座風光金色相

迴廊月映玉平鋪氣清頓覺山川近物格方知上下宇
萬象森羅皆幻境沙彌且聽講唐虞

福興堂　陳祚

僧寮寂寂仙蹤閟舒卷雲霞護梵宮月照祇林光瑩徹
風翻貝葉影玲瓏山容如畫當朱戶爐篆生煙裊碧空
蒼狗白衣多變幻闍黎卧起日方中

六如堂　葉嵩

松花香氣落青藤雨潑芭蕉破未曾蓮社有詩傳慧可
魚山何法繼盧能樓頭啼鳥窺春草龕口飛蛾守暮燈

領得薰風清磬響一杯茗汁出高僧

福善堂　　吳南明

勝日郊原攬物華東山廻映野雲斜春歸陌上多芳草
雨過林間有落花徑繞溪聲通佛刹坐依松影見人家
酒酣嘯咏俱成趣移榻何妨就淺沙

甘霖堂　　吳其玉

一到禪房百慮寬甘霖古寺倚層巒松杉蓊鬱饒奇色
棟宇輝煌壯大觀篆裊香烟雲影静風來竹塢鳥聲歡
憑高四望情何限檻外長流作帶看

石龍寺　三楚毛炳

偶爾尋春到此間一時俗慮總全刪溪環北郭浮鼉石寺枕西峯對象山雨雜松聲鳴梵閣烟含竹色隱禪關却憐作客他鄉久日暮偏看倦鳥還

又　吳如公

焚香日日坐蕭齋合掌瞿曇更愴懷門俯放生潭水活堂爲度衆法筵排天花半墜游龍窟梵偈遥傳伏虎階普濟慈航會有約于今宿願幸無乖

天銘寺　姚鐸

秋老山行悲落木黄花對酒一高歌蘿侵斷壁題應徧蘚蝕殘碑字欲磨添水舊聞蕭寺鴿聽經誰識遠公鵝度江已舍津頭筏隔岸回看翠靄多

慈照寺　王錫倖

溪廻路轉落梅香載酒尋僧到上方夜雨灑窗山染翠春風拂岸柳添黄雲壖漫禮尋苔像禪室空留薜荔牆莫道龍宫久消歇林端猶見白毫光

梵安寺　姚朝陞

翠擁蓮峰一逕斜斷雲開合樹偏遮泉經夜雨山山瀑

徑遶春風樹樹花清籟自張羣帝樂淨林誰闢梵王家

老僧似得卤來意雷莢頻分石鼎茶

九日補天閣弔楊公　　姑孰　周之德

淸霄雨歇應重陽一杖尋登木末黄萬井填城山缺處

雙虹負閣水中央愁聞鴻雁傳鄕縣恐見茱萸佩客囊

此日登臨懷作者祗餘新淚濕衣裳

小蓬萊　　　知縣　程維伊

中流結屋近芳郊天下無煩論草茅勝地引人疑海島

輕雲扶鶴唳松梢燒丹爐靜春風繞採藥人歸夜漏敲

不信紅塵皆俗吏寄言詞客莫相嘲

文昌閣讌集　　知縣陳鍾琄

文昌靈象自天開入夜星輝照席來幾點奎光移北斗一灣河影踐中台譙樓清漏隨風轉古刹疎鐘逐水迴獨羨君家堂構遠紹庭應有濟川才

前題　　吳倬

萬山繚繞翠屏開閣外飛湍捲雪來拂檻桂枝侵月窟入簾霞色近天台樽前恰聽春鶯囀花際還飛社燕廻自喜公餘還嘯咏何人不羨出羣才

前題　　徐懋亨

綺閣凌空望眼開，千峰翠影拂窗來。南天氣象臨中座，東壁光芒接上台。濊濊溪流經雨漲，毿毿柳色逐春廻。登高作賦懷仙令，共羡陳思八斗才。

前題　　吳貞明

傑閣躋攀夜色開，星河倒影入杯來。即看武庫連東壁，誰似文星列上台。勝侶漫誇金谷集，良遊肯羡習池廻。片雲忽灑催詩雨，點筆猶慙七步才。

九日題文昌閣　　季時芳

黄花滿眼爲誰開有客招邀入坐陪廿載著書曾閉戶八旬携杖復登臺凌雲劍氣從南吐射斗文光自北來醉罷茱萸期後會莫教冷落少陵杯

題石龍山　　吳其偉

山形絶似笑天猊偶爲笑天傍此谿抛下一毬趨過北迎來雙澗又朝西圖開白澤神如畫狀伏黄貍吼欲嗁教識松間形怪石居人漫擬老龍棲

徐夫人廟　　知縣 鄒儒

小立芳祠傍石嶔青松謖謖碧蘿森烟霞一埆神仙宅

香火萬家慈母心莫訝閭閻無直道已看巾幗有柴齋

幾回公事單車過陣陣淸風觸我襟

冷水亭　葉裔林

曲澗亭開倚翠微林間返照美晴暉殷雷忽向高秋起

小雨偏當薄暮飛蘂墮踈紅爭逐水石涵泠翠欲侵衣

勞勞客夢知何處爲許相逢一醉歸

暮春遊石龍山　葉之苞

結伴尋芳冠與童龍山淑氣鬱靑葱炎光乍到山城外

春色猶留雲樹中鳥向泉邊啼逸韻花從嶺上度薰風

登高遠眺情何限嘯志歌懷今古同

七言絶

文筆山 李時英

亭亭筆勢鬱龍縱影蘸清池氣吐虹雁陣遥分微辨字

雲箋乍展欲書空

琵琶山 吳澍

翠巘潺潺響石泉秋風嫋嫋入鳴弦開樽坐聽風前韻

疑在江州月夜船

斑岱山 知縣 程維伊

翠壁丹崖飛白波銀河一派落平坡青蓮好句今誰嗣

攜向山前擊節歌

拏雲山　　葉𩔖然

古洞谽谺鎖白雲春山晻靄散清芬坐來猿鳥聲俱寂

獨有飛泉隔竹聞

仙尭山二首　　知縣鄒　儒

飛濤掛壁月藏窩石上碁枰類爛柯見説仙桃紅滿樹

身非曼倩奈如何

自知俗吏夙緣慳幾費登臨總枉然願把簿書燒欲盡

好攜丹竈碧崖前

白雲洞　吴與孝

霜林淅瀝葉聲乾着屐登山破曉寒磴繞七盤凌樹杪
泉飛百道掛簷端

桃州溪　葉孔舒

青山不減謝公墩新柳垂絲映遠村最愛桃花臨曲澗
何須更覓武陵源

棘蘭溪　夏懋蔭

蒙茸天棘蔭芳蘭翠繞層巒竹數竿長似春深經夜雨

飛流一道捲風湍

竹口溪　　知府　孫大儒

渡口臨門晚繫舟當爐止宿憩重樓參差竹樹垂簾牖

婀娜香煙下榻幽

竹坑溪　　姚文熠

清流曲曲抱城西夾岸猗猗竹影低秀色滿前滄不盡

當年猶號古金溪

過竹溪　　鹽驛副使　徐綿

峯巒層叠樹陰森到此應忘出世心堪笑我今成大隱

入山惟恐不能深

石龍潭　知縣　楊芝瑞

龍潭碧影靜涵虛竈石渾疑洛出書更羨清秋明月夜

一泓深處漾芙蕖

銅鉢潭　吴鳳翔

清溪雪色湧飛湍潭影澄空玉鏡寒却似衲僧擕一鉢

箇中疑有老龍蟠

褒封亭　吴抱素

炎節歊蒸暑氣侵暫留亭畔息層陰褒封事遠人何在

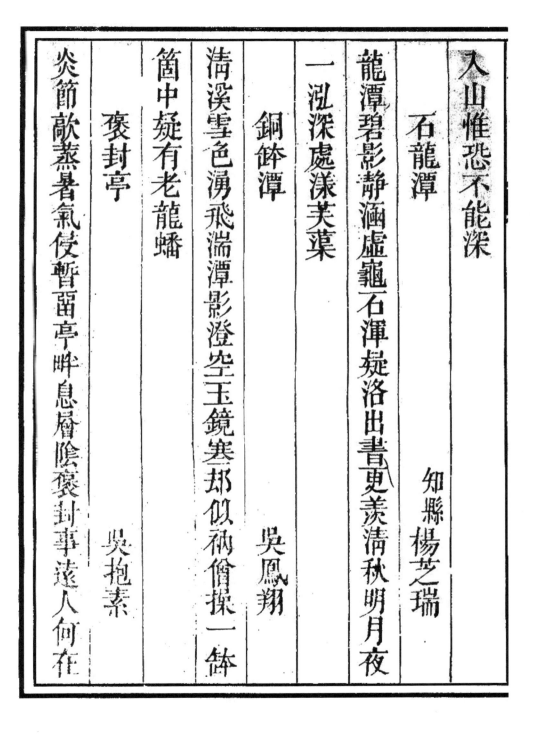

惟有青山閱古今

魏溪亭　葉𩐅然

一派溪光灩灩波亭臨曲澗枕岩阿清風明月誰消領隔岸時聞樵子歌

擲火亭　吳履亨

瀲灩清波注碧川沿堤芳草更芊綿凭欄少憇渾忘倦閒數浮鷗戲水邊

明皙亭　周渡津

絶巘危亭走野貛芒鞋踏破北山隅披襟欲坐誰同調

掠地風來一影孤

迎春亭　　李時亨

巖序推移臘復春，調和玉燭此方新。亭間忽聽鳴春鳥，恰是東皇布德辰。

西山頂烏石亭　　吳垣

憑高一覽衆山低，俯視郊村烟景迷。石磴盤空凌絕頂，白雲猶在下方栖。

西山亭　　吳樹駿

西山高聳石磷磷，澗影溪光入望新。亭上白雲都掃盡

斜陽一抹照遊人

憇雲亭　　吳爾庚

微茫山徑遶岩扃林木陰森草色青閒坐此中誰作伴流雲片片擁孤亭

翠微亭　　吳敬中

大地春回綠正肥青山環拱映朝暉眼前秀色堪留憇好似江頭坐翠微

來鶴亭　　吳崇仁

亭高遥望白雲飛山石嶙峋行徑微跨鶴仙人何處去

至今猶望鶴來歸

派石亭　周之鼎

誰將鬼斧劈層巒振策何愁行路難四面雲山誰是主此間好作畫圖看

勸農亭　葉充棟

大有何能歲歲書還須束作勸耕鋤亭前一望千畦緑始信豳風語不虚

風舞亭　姚煌

習習和風自可人迷離曲徑孰知津水邊霧隱花千樹

松際雲開月一輪

上洋亭　周景尹

原隰畇畇分上下亭前花竹秀而治騎驢遥渡古樓東

詩思忽來捉筆寫

八角亭　胡嘉孝

地聯閩浙此中分八角玲瓏掛夕曛好景看來皆入畫

四圍山色一溪雲

聽鹿亭　吳文元

亭横碧巘賦同行徑轉山腰望眼明彷彿鹿鳴岩谷畔

呦呦聲細入風清

小蓬萊　吳千泰

覽勝臨流步北隅雙虹橋畔數金魚蟄龍千百忽驚起佇看甘霖徧地攄

砥中閣　吳炳昌

狂瀾萬頃汪龍湫捲雪奔雷滿緑疇幾見堤成還復壞於今誰復砥中流

覺林寺

吸泉撥火此山中一縷茶烟繞竹風忽見斜陽開晚色

相將待月出林東

石獅堂　　吳之騏

涼露娟娟秋過半蕭踈黃葉飛閒慢禪關不許俗人敲

啼鳥數聲來枕畔

白蓮堂　　吳王釪

禪堂晝靜碧雲攢雨過紅蓮花半殘猶有清香來曲沼

山光潭影儘盤桓

萬壽庵　　葉咸章

秋盡閒登般若臺僧房閒寂掩蒼苔山飛空翠雲光逈

木落霜黃眼界開

萬松庵　余勳

鐘聲帶月出花宫香靄霏微蔭碧空孤鶴長鳴松色老
遠山半掩暮烟中

勝隱庵題洗耳泉　葉潛

崖際寒泉入峽鳴清音細細耳邊生幽人初向山中宿
錯聽琴彈古曲聲

勝隱庵題鶴洞　吳王闓

何人養鶴煉金丹鶴去山空澗水寒把酒不妨拚一醉

踏霜歸去月團團

勝隱庵題停傜巖　吳　沖

石壁嵯峨高接天，凌風玉珮去何年。閒心已識遊仙意，日日看山便是仙。

勝隱庵題瀑布　周九如

翠屏千仞勢敻絕，一道清泉飛玉屑。激石濛濛生白烟，舞空點點散晴雪。

源隆庵　葉　枚

照妄須燃大智燈，法堂雲護碧層層。林香蚤已聞簷蔔

谷響從知斷葛藤

天堂庵　姚家蔭

危峰削石翠如屏竹有留題石有銘昔日遊人何處去雲山終古不磨青

海會庵　葉海棣

曉色初開萬綠屯鐘聲出水又黄昏歸來夌繞青岩路修竹林間酒一樽

豐樂亭　葉邦勲

豐樂亭中景最幽蒼茫林樹自雲浮四圍山色青如許

一帶烟光翠欲流

五言絶

源隆庵　　王綸

山峭雲常在泉幽韻更清岩松多秀色山鳥少凡聲

龍濟庵　　葉璋

山奇性見骨樹老自多瘦一榻萬松邊坐看雲水靜

雜詩附

宋

步龍泉邑令題濟川橋　　陳嘉猷

此地天教繋斷槎古來劍氣屬張華長橋高閣一時勝
巨碣雄篇衆口誇曾是斗牛相照映不應風雨肆欺斜
令君小試扶顛手便有歡聲靄萬家

明

留别松源父老 知縣 陳九功

我愛山城不我欺山城偏與我相宜催科更不煩敲撲
獄訟何曾結讞詞無事小窗惟讀易有時過野只烹葵
來朝馬首麗陽去一片白雲繋所思

國朝

前題　知縣董翬縉

作吏松源兩度春秋風吹送一閑人愧無實政堪稱最笑有空囊莫厭貧閉戶窮經多秀士耕田力穡是良民臨岐片語相持贈安分由來足保身

題延陵周鸞姑雙節　知縣程煜

斷臂完貞耄耋時一門姑媳兩堪奇　九重綸綍旌華表千載芳標薦節祠送死郢傳猶子孝承祧還有稚孤遺我來問俗關風化還吊幽光樹壼儀

前題　知縣蔣潤

綵縭甫結何照户三星暫明今夕詰旦理粧早哭樂昌
鏡缺勉順高堂義訓不遂初心死同穴伯姒夢熊分乳
嗣續綿瓜瓞　佳婦佳兒甫長雛蘖病天奪寧馨中道
又折姑矢栢舟志媳並懷清潔共歷饑荒兵火六十餘
年如一轍允沐
天家寵錫表一門雙節

題濟川社學　　　　　　吳棢

服古入官先正名岐途亂正害非輕梧桐百尺常棲鳳
不許鴟聲雜鳳鳴

邑侯唐若瀛薰山禱雨恭紀　吴元棟

岌嶽峋嶙鎮巨鰲，華天雲漢儘煎熬。爲民請命紆途上，皎日當空再拜勞。雷震山南收旱魃，雲生足下起波濤。回車忽帶千峰雨，百里歡騰燕雀高。

和署任孫邑侯九日登石龍山　吴元棟

賦到雲山語自嵬，況逢齒屐共徘徊。烟花自合分留守，風俗何如論本來。彩帽已隨飈勢落，酒旗更帶夕陽開。他年佳話傳青史，雲外新詩雨後杯。

輓錢師台　季學勤

會稽名琶產名人每見才高氣未純風範惟有錢夫子知天知命獨守真少壯知名廌　恩寵老大秉鐸抵四春性靜不嫌青氈冷始終如一敎澤匀桃李門前西風急秋陽影落謝素質講堂老桂最先幾庭有丹桂是秋無故自折署後棲鷗苦若失園有鷗數百師故後三日悲鳴盡去可憐終養願已違吁嗟遊子尚未歸蕭條棺外何所有四五童兒守素幃仲氏噓號寒霧起滿城行者傷咼已我輩贍賻送行程屆指鑑湖千外里

錦水橋成誌感　吳元瀚

仙槎斷處繫飛蓬伐石爲橋結搆同煙雨樓臺新店北
丹黃廟貌濟川東當堤柳色垂芳靄古甸泉聲响遠風
日暮駟車來繹絡高才孰是茂陵翁

步荔園游石龍山原韻　知縣戈廷楠

環城皆山欝蘢蓯就中蜿蜒形如龍一峯突立勢拏攫
每當欲雨陰冥濛我來小住山下寺中夜微微吹天風
老僧爲指石龍跡不緣捧檄安能逢憶昔浪游泰岱頂
日觀峰側森長松又曾放舟入東海三山隱約波濤中
驚心怵目控樓底萬流奔注皆朝宗濛洲于役小延佇

彷彿睡覺聞晨鐘問訊土瘠罕物産製菰煮筍称年豐
撫字催科慚兩拙一行作吏非銛鋒何時攝衣石龍上
縱目四顧開心胷張公豪興誰與同揮毫笑傲登此峰

過賢艮村　　知縣　熊　珍

三年薄宦到濛洲故國茫茫憶舊遊珥筆久疎青玉案
論文忽上白雲樓蕭蕭風雨春寒積膴膴郊原小麥抽
自愧生平無好狀相逢一醉復何求

普渡橋志感　　吳得訓

竹溪溪水落長空路斷橋燕幅幞同綿亘何年鞭海石

依稀半碧架晴虹柳陰不用方舟渡橋畔偏令輿馬通
王政於今侔夏令千秋猶自憶程公

登黄壇二仙宫　　吴洪

巍峩仙闕峙村西俯瞰人煙一望齊樹疊龍鱗松韻遠
簷飛鳳翅竹林低雲開殿閣遥排岫月見渟湖半映溪
此景由來難再得登臨乘興喜留題

鷺鷥亭　　姚錞

小結茅亭曲徑幽鷺鷥坳外翠林稠高峯崒嵂人初到
峻嶺盤紆馬欲留會向樹間聽鳥囀遥從檻外挹溪流

茫茫遷客淒其意古道斜陽影半收

得月樓　吳先經

山開半月恰當頭景色時時總是秋我亦近來興不淺
此樓應得似南樓

渡槎溪　吳匡選

層波叠浪水聲喧十里溪流一氣奔我欲乘槎隨漢使
不知何處是河源

鐵尖峰　陳紹慶

萬叠崇山上孤峯削不成遥連霄漢色似結太陽精聳

鼓鼙幽壑光芒映曉晴訝朝雲乍起疑射斗牛横

永興橋　吳孟登

地僻人烟少山危水澗深潺湲飛萬壑淜湃落千尋岸

苦褰裳涉溪愁勒馬臨最宜鞭石手爲洽濟川心

濛淤橋　張恪忠

峯巒環抱鎖溪聲百丈流虹飲澗横我欲招尋題柱客

長門恰喜倩長卿

題石龍山　教授張　駿

何年悞雨被天嗔謫下荒山化此身怪石玲瓏多帶角

虬松天矯盡生鱗摹碑尚憶千秋蹟放眼能收萬象春

我欲淩空發長嘯恐驚風雨起逡巡

雲鶴堂講席

袁定城

吾生碌碌一青氊欲買名山未有錢愧擁臯比居北面

喜來幽境占西天晨看雞樊烟霞滿晚聽松篁鳥雀喧

博得此心清且靜好和董冠濯流泉

梅樹嶺

毛九經

岧嶢峻嶺鬱寞濛高倘逕天一線通遶拾級盤紆雲路近

淩巔憑眺碧霄空橫臨絕壁形逾峭直繼崇山勢彌雄

行客無須愁戢沿俯梅林已熟翠烟中

天馬山　　葉之茂

漄洼有馬自天來形駐荒邱秀色開竟日嘶風黃葉裏
昔年被駕白雲隈嶠嵐裊裊雄千尺曉霧悠悠浪一堆
伯樂當年搜未到羈留巖畔不知回

遊石龍寺　　鮑知我

高臺日暮歸雲突湛湛禪心潭底月法界三千靜裏窺
因緣十二空中發長公乘興陟虬峰莊子尊生昇象闕
更憶山巔最上層翠微深處僧行滑

何處白蓮光閃突松潭掩映東林月酒傾彭澤綢肴揚
鐘扣少陵深省發持偈近登般若臺看山遥見蓬萊闕
喜偕惠遠共追隨擊竹拈花龍窟滑

濛洲八景

巾子祥雲　吴元棟

巾峯佳氣合表瑞協昌期雲結三春彩橋連兩岫奇寶
車飛漠漠仙仗炫離離徵應前朝事於今欲見之

又　吴公選

祥光何處影繽紛巾子峰頭一段雲若向空中連雙髻

遥從碧落接氤氲蒼翠帶雨垂朝靄滉瀁隨風照夕曛
記得仙人曾拄杖劉家舊事古傳聞

霞帔麗日　吴元棟

仙佩何年化雲山萬古留形齊天帔落色共日光浮磅
礴餘文綺晶明射翠樓不須頻着屐相對與偏幽

又　余塏

何曾拋帔落仙家帔欲如山山映霞曉霽宏開天曠澗
晴嵐遠照日光華黄花不避秋顏老青草猶留春意賒
色辨中央誰煅鍊遺來疑自古皇媧

百丈龍湫　吳元棟

百丈仙靈地龍湫許獨尋藍拖三井外氣接五湖深絕巘浮青靄寒光瀉碧潯祟朝雲乍合溥澤應商霖

又　吳公選

飛瀑懸崖一澗開靈湫隱隱響輕雷半天水欲因風急六月寒偏逐暑來混沌無痕經擘鑿神仙有窟任徘徊祟朝霧起山腰雨噓氣隨雲徧九垓

雙潭石印　吳元棟

燕尾交流碧中涇丫大篆形波迴雙帶綠瀾湧一拳青猶

水會爲鈕龍蟠早化星千秋同海石砥柱協川靈

又　余塏

嶙峋片石砥中流圭角天然一印浮草色深時拖纍綬波紋皺處劃銀鈎會將山勢供圖籍喜掃苔痕認鏤鍥纍纍腰金應有光垂紳直上鳳池頭

石龍烟淨　吳啟甲

日射晴光遠靈巖宿霧收天衢連秀色雲路豁青眸竹底人烟淨龕前樹影稠點塵曾不染結想莫辭投

又　吳公選

石龍山勢欝崇隆盤曲紆廻一徑通山雨欲來秋色淨溪聲遥送暮煙空天開圖畫形難肖古有登臨興不窮試職層城頻眺望渾疑身在白雲中

雲鶴松陰　吳啟甲

山郭静朝暉長松擁翠微風濤奔澗水苔徑接禪扉樹暗雲常住堂空鶴未歸盤桓情未已清磬出林稀

又　余瑩

雲鶴堂中鶴已飛百年世事想依稀祇今惟有松陰在何處更看鶴影肥客傍午陰尋曲徑僧來月下叩禪扉

林間莫訝鐘聲出不盡濤聲遠樹微

梅坳夜月　　吴啟甲

忽見梅花發坳頭月正團幽光呈皓魄冷艷沁冰魂羣木聲逾静空山水自湍徘徊罥獵賞應作廣寒看

又　　吴公選

梅因破臘爭春色月以經秋帶曉寒不見梅從中夜白偏宜月在古坳團香聞十里寧嫌暗影入三更正未闌最是山頭風景好冰魂皓魄一齊看

槎水春瀾　　吴啟甲

瀹瀹烟槎水春來錦浪生橋低新雨足沙護舊痕平樹影依堤客鷗尋列岸輕渾疑星漢近最是綠洲行

又　余塏

盈盈碧水繞槎溪無限清波漲舊堤十里濤奔沙岸白千重縠皺板橋低客疑泛艇纏星漢人爲尋芳倚杖藜風雨籬邊春意足香塍一望草萋萋

巾子祥雲　周培陞

一望祥雲吐巾峰瑞氣涵乍疑張翠蓋旋覺駐仙驂秋雨纔還濯春花鬢並簪箇中有佳兆妙諦可誰參

霞帔麗日　　季學勤

仙女知何去空拋帔在山如霞負爛熳映日更斑斕色耀青絲縮光連碧玉環朝朝憑眺望薄暮不知還

百丈龍湫　　葉邦勲

靈湫飛百丈撫景正徘徊石罅深成洞龍文淺覆苔九天疑噴玉十里宛聞雷甘澤隨時降山晴雨亦來

雙潭石印　　余鈞

斷澗雙潭抱烟開片石浮分風拖燕尾負水出龍頭帶繞千重翠文成五色幽更看明月夜倒影落長流

石龍烟淨　周培陞

山高形突兀烟垂色朦朧似霧藏深洞如雲鎖遠空一
朝風盡捲千里目能窮環繞皆山水都歸眼界中

雲鶴松陰　李學勤

何處覓仙跡空餘百尺松清陰酣午夢疎韻入晨鐘鶴
已無心住雲仍着意濃禪曇諸品淨翠影落重重

梅坳夜月

月照三更夜坳開幾樹梅也知香獨抱偏訝白成堆信
是同心契相將藏酒陪素娥如見許應遠羨人來

槎水春瀾　葉之蕃

合注諸溪水春深尚帶寒隨風旋作浪激石更成湍疊走聲偏壯鷗飛路正寬郄驚槎客渡頃刻過前灘

巾子薜雲　田嘉修

嵯峨巾子列晴空瑞靄遥連紫氣通錦障千層銜麗日星橋百丈駐飛虹烟浮露冕金爐發光耀華簪寶髻工糺縵無心原不定山靈應許古今同

霞峨麗日　田嘉言

山名霞峨寫春容掩映晴光積翠濃綠樹迎風搖翡翠

嫣花含露簇芙蓉，曉籞初啓朝陽殿，繡帳還開白紵峯。更有一般堪比擬，玉環方拜紫泥封。

百丈龍湫　田嘉脩

浩淼銀海翻鯨波，神龍蟠蟄通星河，入苑伐鼓承帝訶。雲垂水立走靈龍，山湫百丈石嶒峨，九淵無深蔓薜蘿。嵩山五嶽遠來過，雷陽桂璧躍金梭，會時呼兒策青驪。風伯前驅反假不，巖窟清幽息滂沱，霖雨潤物天下多。

雙潭石印　田嘉翰

歷陵山高三千丈，七孔石印雲漢章，太平韡韡鎮樹台。

[illegible][illegible][illegible]題稱都揚我追雙潭水清絶中涵硯石明鏡裂
螭蟠龜紐青泥封紫蘚斑駁狀鏽鐵月照千潭象外呈
誰知鬼斧鐫隆平狂瀾澎湃撼砥柱蝌文鳥跡參差明
噫嘻綬綰天下信造化爲鑪真堪認介石飲水有如此
應作萬古河山鎮

石龍烟淨　　田嘉脩

驤首天衢第一峯烟消露滴紫苔濃登臨渾似乘風去
俯視雲山幾萬重

雲鶴松陰　　田嘉脩

閒訪入松林空樓翠色深烟横蘿徑古花落石床陰山
月千年事風濤萬壑心悠悠前去鶴何日再來尋

梅坳夜月　　田嘉翰

踈影本幽姿韜形在山曲姮娥偏勢眞婉轉照寒馥一
點天地心淸白原相屬遥遥隔霄壤含芳惜空谷

槎水春瀾　　田嘉言

溪水滔滔遶接天山花兩岸夾晴烟果然從此探源去
廻想浮槎又隔年

題渠水庄　　知縣鄒儒

兩道長虹夾碧波泉聲處處應絃歌俗同渤海澆風易
世有澹臺古道多知我催科愁不了任人輸賦意如何
延陵禮讓今猶在莫謂山城少太和

道光庚寅四月偕馮廣文並集諸生遊石龍山郎

席題和　知縣　黄　煥

俯看城市屋如鱗郭外田不嫩色新翰墨機緣成結習
樽彝款識詎同珍一行作吏難除俗滿座高朋不染塵

前題

此日望梅梅正熟幾生修到是前身　教諭　馮春潮

不然咫尺未攀鱗，那識龍山氣象新。幸賴招呼逢叔度，愧無才調似僧珍。小花蠻榼攜佳饌，曲徑禪門淨俗塵。千里紀遊今更樂，撥雲高處置閑身。

前題　　吳登雲

名勝石龍龍有鱗，偕登桂殿景翻新。蘿茶泉酒香偏遠，野蔌山肴味足珍。綠竹風前情不俗，青松雨後淨無塵。趨陪得遇點睛手，喜聽雷鳴裕後身。

前題　　姚駒

龍山表異現龍鱗，幾點靈光萬古新。載酒有人情足羨

題糕無句咏同珍野花開放岩增艷古木陰森徑絕塵
烟火滿城看不盡歸來猶擬任閑身

前題　　葉之茂

石爲龍骨草爲鱗登眺名山景象新放眼雲烟憑覽勝
羅胸山海盡羞珍喞杯咳吐成珠玉染翰揮題掃俗塵
愧我才疎無箇事何時得擬步雲身

步前任黃章甫登石龍山原韻　知縣　吳綸彰

老樹凌霄已化鱗山川秀氣一時新簿書未許追前步
奏績還期此後珍謾說荀郎心是月難忘范子甑生塵

欣逢歲稔民安謐贏得公閒省此身
敬步前任黃邑侯登石龍山原韻　教諭　沈鏡源
山作龍形石作鱗登臨眼界一時新雄圖蟠踞千山小
勝蹟留傳片土珍笑傲烟霞抛俗慮流連詩酒隔囂塵
歸來吹落儒官帽慚愧琴堂布化身
雨後望中子山　知縣　吳綸彰
羣山萬壑擁岧嶢霧縠霞冠雨後描瀑駕飛虹飲溪澗
峯攢神劍插雲霄松巖薄日開青障仙仗凌虛渡彩橋
廻首東南排入畫玉龍百尺瀉寒潮

雨後望巾子山步　吳邑侯原韻　沈鏡源

祥雲五色鬱岧嶢，雨後升騰望裏描。不復空濛遮遠岫，猶然朗霽豁層霄。分明老鶴離芝蓋，隱約長虹駕彩橋。羡殺使君心志喜，謳歌四起聽如潮。

謁馬夫人廟　吳綸彰

妙手空空出世寰，黃金白璧仰仙顏。掃除塵世千年刼，管領雲霞百丈山。儘有鏡臺傳石上，肯留巾笈在人間。卽今蒙澤冠紳地，想象慈航日往還。

中秋登石龍山　吳綸彰

凴欄一覽色無邊高敞樓臺界百千眼入雲山秋似水
胸無芥蔕月當天萬家橘柚寒烟迺四面芙蓉暮靄連
曲巷幾囘清韻起臨風那得武城絃

丙戌登奎垣閣作　　教諭　馮春潮

龍門高敞接奎垣共說當年出狀元累代科名何曷奕
諸儒理學有淵源桂花四季香留閣山勢千盤秀列園
瞻謁肅然心甚遠濛洲此日始停轅

步前任馮珠航先生原韻　　教諭　沈鏡源

登臨高閣望星垣秀揖薰峰卜鼎元前輩風流傳竹口

禪童井桂香坊遺址斯文宗脈溯松源爽開佳日前臨郭香滿清秋後列園老桂四季花開最是龍山環右臂蒸蒸多士望推轂

庚寅季夏偕友人王紀常濟川訪勝宿吳氏半畝園即事

吳興 沈丙瑩 壬辰孝廉

山城不下陳蕃榻止宿延陵半畝園雨爲情殷留客駐蛙緣夜靜鬧鄉邨三三徑闢殊難認乙乙思抽要細論最是關心槐子熟西冷舊事話黃昏

巾子祥雲

葉之茂

朶朶祥雲出岫奇芳名元鼎恰相符雙峰插立連天路

五色騰煇匝地垂化作浮橋空際山結成寶蓋靜中窺何時復得毬靈降步武前賢文在茲

磨手嶺　　王勲

巨靈擘破手摩霄闖越遥通勝地標走若蛾旋人得得行如磨轉路迢迢亭修世美常安憩閣坐觀音自止囂鑿險著夷資好善口碑載道勝歌謡

遊石龍山歩　吳邑侯原韻　　吳履祥

名山何自結龍鱗怪石磅砑重叠新嶺上青松留古勁亭邊翠竹秀瑜珍遥聞鐘磬清餘韻俯視山溪淨少塵

最是登臨遂好景誰從明月憶前身

西城彩煥長庚座　吳升階

順濟行宫告落成重新建座控西城入烟稠密多來往磵圳蹊通繞送迎野外逢耕歌小邨樓頭懸匾煥長庚天然位置開圖畫却喜金溪夜月明

雨後望巾子山歩　吳邑侯原韻　吳大新

一段祥光映翠嶢空濛雨後景堪描雙峰壁立開初霽夾道虹飛望遠霄彷彿寬旌翻寶蓋依稀丹仗護仙橋蒼茫瑞氣今猶昔誰繼英聲湧若潮

中秋登石龍山步　吳邑侯原韻　吳大新

何時昂首入雲邊石化爲龍勢萬千最喜名山舒道眼况逢佳節醉花天憑欄快覩豐盈樂撫卷欣傳賦咏連丹桂芬芳清四座心神怡處聽鳴絃

重九遊石龍山　葉郁文

黄花萸子似與臺勾引閒遊到上台攝屐提壺今日事論詩作賦幾人才雲中清磬聲徹郭外秋山面面開結伴同登多逸興題糕應共此啣杯

石龍山　吳佩

廸鎮松源第一山神龍播結到人間一溪風雨生西澗四面雲烟繞北闕嶺上松形鱗隱隱雲邊鶴廠翠班班恰欣出郭扶節便覓日登臨任往還

登石龍山　葉之藩

何處蟠龍借此棲時來舉步擬青梯巍巍峭壁參天起矗矗懸崖與岱齊似帶亮珠臨澗水宛騰碧漢駕虹霓亭前好景終無盡縱目長空萬象低

遊百丈山　葉榮荻

百丈山頭勢最高登臨到此興偏豪丹成早見飛昇去

地險宜知舉步勞前峯巖邊開古寺潺湲水畔怒奔濤
鏡臺履跡今猶在令我摩崖一染毫

棘蘭隘　　吳信

梳溪茅店兩三家隘地由來錯犬牙恰可梳邊撓棘刺
難從竹外覔蘭芽途分閩浙人聲雜道阻桴航水勢斜
借問關防何寂寂太平已久靜邊笳

遊百丈山　　吳濱

仙靈萬古一朝昏世事推遷且莫論三徑松風殊履跡
半巒明月剪[illegible]痕爐烟裊裊連巖口幔靄濛濛滿院門

亦欲凭虛窮海島俯臨百丈莫窮根

前題　　　　　　　　　　鮑友仲

仙伏淩空絶世緣至今縹緲望無邊窈深莫辨陰晴候

繚曲難分冬夏天履跡空存雲杳杳剪痕惟見月娟娟

龍湫風雨驚來驟靈跡千秋長浩然

題姚村水口　　　　　　　　邵體仁

通途曲折傍崇山近隔村前二里間哭兀獅頭騰浪湧

盤桓象鼻叠峰圜常聞不雨溪聲急却喜非春樹色斑

水口生來裝好景鍾靈毓秀擬仙寰

百丈山懷古　　姚冠

層巒孤峭遠山巔此地曾修五代緣樹繞煙霞真似畫丹成雞犬亦皆仙鏡臺映月空千里屐跡穿雲入九天幾載深情欣一望振衣直上興悠然

恭和章甫黄邑尊偕諸同事九日遊石龍山登豐樂亭　　田家修

豐樂亭高萬象收魚鱗樓閣小濛洲安身厭歎塵中脚放眼常昂天外頭九日爭傳桑落飲七人猶是竹林儔同遊七人鴻書忽聽傳青鳥讀罷新詩興倍遒

題松源川　吳邦燮

一望松源勢沈溶，春光靄靄十分濃。庭前古栢巢飛鶴，岸上高橋起臥龍。濟水資靈靈間毓，蒼山拱秀秀頻鍾。藏書萬卷推先哲，此日何人步往蹤。

百丈山　吳坦然

百丈峰頭別有天，登臨四望景悠然。層巒聳翠參霄起，怪石嵯峨匝地連。滿徑蒼松青未了，一潭碧水靜無邊。剪痕履跡今猶在，長使仙靈萬古傳。

題濟川古栢　吳濾

空山古柏種何年勁幹離奇尙嶄然百尺高完金石質
一枝秀挺雪霜天多經歲月蒼苔厚不讓松筠晚節堅
羡汝大村樑棟器須知到此老彌妍

廻龍山　吳江

嶂疊雲封鶴洞開城煙靄靄遠飛來穿林碎日爭奇勝
透竹斜陽映上台洗耳泉邊窺豹隱停仙石畔喜龍廻
登斯覺路忘歸處愧乏三都作賦才

七言絶

佛楊龍鱗　吳登瀛

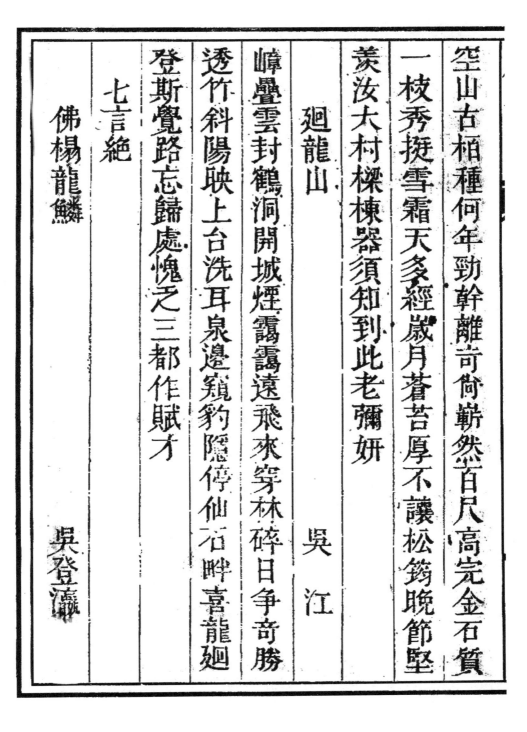

東雲見爪西雲鱗神物出來妙入神幾點留傳方丈地
那教人世露全身

遊百丈山　　周大成

山名百丈何崔嵬當日仙蹤何處來履印剪痕遺跡在
長同瀑布挂蒼苔

萬松庵恭依前志四世祖余勳原韻　　余銑

萬松環繞映禪宮涼影森森滿院空欲識遺蹤何處是
片雲孤月有無中

磨手嶺　　姚樹檀

巒高聳足如蛾走憶昔塵寰名磨手此處何年仄徑開

而今載道膾人口

文昌閣　　吳　球

紫薇宫闕靄雲霄十二欄杆一望遥共仰奎光聯碧落

千秋祀典奏簫韶

題育嬰堂月桂　　姚　緒

月中移下庭中栽引得天香入面來好向嬰堂承雨露

生生不息笑顔開

五言律

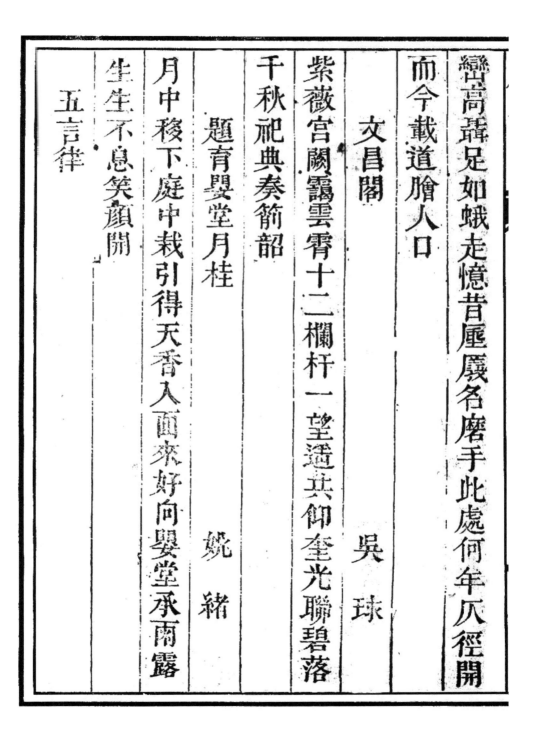

題上管庄　知縣　關學優

此地鍾靈氣藹洲第一庄仙横屏共列水鏡帶偏長農皆勤稼穡士亦勉賢良不愧延陵胄詢爲邑乘光

陳尙書祠　訓導　王勉

乞米償淸俸能言便不同街談誇幼慧邑乘記公忠朝士傾風久春官就日崇九都祠宇外猶是話神童

劉狀元坊　王勉

誰卜蕪山兆文章第一流英聲蜚太學芳蘭護綿州軌範傳多士科名許狀頭藍田遺璧在虹彩耀千秋

胡侍郎宅　　王　勉

過目都成誦藏書不在多他年經畧使當日教官科錦

共金雞割紳隨繡豸掩故鄉宜置縣畢竟意云何

王給事第　　王　勉

讀卷知肝膽文章信有神淵源傳介弇鐵石識忠臣玉

海藏書富龍潭結穴真瓣香勤拜謁記取後來人

豐樂亭　　知縣　吳綸彰

覽盡山城景清幽萃此亭樹雲朝暮啟嶺色古今青日

氣浮原野溪聲入畫欞梵宮偕欲下趺坐說黃庭

過劉殿元墓　吴綸彰

青山杯土在今古仰斯文偉績曾留蜀高名孰繼君龍
蛇迷曠野日月照孤墳安得藍田璧而爲多士分

過陳尚書祠　吴綸彰

欲作黄金鑄千秋識盛名文章關世運正直是神明高
塚麒麟卧荒祠柏樹生嶶流一溪水長此繞春城

過劉殿元墓　教諭　沈鏡源

獨把薰山秀科名得狀頭英聲蜚太學惠澤播綿州巾
子雲光現藍田璧彩留墓門傳伏石遺韻誌千秋

過陳尚書祠　沈鏡源

訪勝神童井遺坊載令名能言傳早慧特達誌奇英勲業春官著文章多士程祠堂馨俎豆今古月同明

過王伯厚先生故里　沈鏡源

南宋興亡際先生一偉人建言明大義讀卷識忠臣學海搜羅富詞林著述新我來經故里仰止感心神

雲鶴山　吳登瀛

萬岫如屏擁城南起碧峰高僧青鶴去古寺白雲封影射松頭月聲揚洞口鐘登臨無限興四望豁心胸

胡侍郎墓　　李垣

舉步入深山，相逢幾株樹。借問此何墳？云是侍郎墓。蔓草含春烟，荒城漬秋露。俯仰深徘徊，不覺夕陽暮。

春日登雲泉鐘樓　　吳念祖

散步入雲泉，登樓已洒然。松篁圍佛刹，花柳罩人烟。四壁如圖畫，層臺可學仙。倚闌舒逸興，頓使俗塵蠲。

薰峰雨秀　　姚鈞培

極目層巒秀，薰山第一峰。風飄花點點，雨洗碧重重。峭壁千尋峙，凝雲四面濃。綠陰何處繪，灑落豁心胸。

雲鶴松陰　王成績

禪室近城墉陰凝有老松樓空黃鶴去徑曲白雲封憑
弔堂名古勾留樹色濃我來心覺悟何處覓仙蹤

雲鶴花香　姚樹均

到處香風送春來景色嘉石龍龍帶雨雲鶴鶴飛花紅
透胭脂萼青遮錦繡葩陶然忘日暮歸影半窗斜

雲鶴松陰　葉榮葵

雲從松上過鶴向寺中來不見雲邊鶴惟看月映臺濃
陰青未了翠蓋碧常開忽聽濤聲急疑經紫府回

遊雲鶴堂　姚敘

纔到禪堂地悠然有所思鶴來心覺寂雲在意俱遲片片浮空際雙雙入夢奇鶴飛雲且住舉念欲何之

五言古

馬仙墓　吳佶

古井騰雲霧微茫一線路老松掃塵埃說是仙嫗墓

邑侯樂曉園哺嬰圖恭紀　吳登雲

萬物本一體聖人皆孩之老友少有託窮況羣嬰兒村落泣呱呱不知育者誰賢侯心惻惻朝暮急圖維司徒

保息民厥幼費乎慈欲使皆得所營屋爲首基詢謀及
土廠料量供糗養孕字乳資是鞠幕哺以時爰雇貧家
婦拊之畜之宜鹽易容鱗蛋桃僵代李枝十十而百百
生生而熙熙闔里礎縱子官爲給青貲順陽達勾萌毋
使生氣衰戀諸弃蓐擘而然爾露藏胎生有所長大造
襁可持寒燠或覆實隘巷或瀦穢或爲拾得子或有寒
山雛啞嘐好頭角礪砥白雲姿安知非異物無根產靈
芝聽此嗷嗷聲一片春風吹好官豈好名有善所必爲
上推 皆澤普下福民齊施愛代既得人去此心安恃

歎賞徳尯力顧覩嫛娩嬉羣黎續此摛以當德政碑是堂下千載可傍公生祠

詠濟川形勝　　吴　華

欲訪濟川勝溶溶春水浮山色四圍繞古洞深且幽或如虎蟠磴或如龍鶩湫前哲多遺詠摩崖碑可搜行路盤轉忽見村落稠絃歌讋文學人物晉風流牌坊共祠宇遺跡永千秋我今聊叙述所望名賢酬

詠松源形勝長律　　陳　南

松源勝地接龍泉枕倚薰山帶濟川六隘堅牢亓且阻

三鄉鐵甕斷猶連，石戕龜印雙潭裏，瀑壯龍湫百丈巔，千里巒從青靄插，竿天嶺向白雲穿，梧州屏翰西南障，閩嶠畿疆遠近聯，廾里村庄岩谷畔，衣冠人物古臯前，家多圖籍淳風著，已有弦歌雅化宣，覽蹟問圖何處是，雲林石谷筆難傳。

原序

知縣　程維伊

粤稽歷世御極典章脩飭一統有志方岳有志列郡有志牙籤汗牛富於二酉復爲縣志何裁古侯國皆有掌記之官今之巖邑非古之小國乎政事之因革人才之盛衰地理之形勝田土之肥瘠物產之厚薄風俗之淳澆與夫天變人謀莫不於志乎察其源流驗其盈虛俾賢者有所觀感愚者有所懲戒此古今之權衡也慶元建於宋之寧宗歷四百一十二載從未有志迄明萬歷四年邑令沈君始搜家乘訪野老起而草創之尋四十

六年邑令汪君復加脩葺崇正十五年邑令楊君僅補闕畧于茲又三十年所其間兵亂相尋殘編散失益歎文獻無徵伊治慶九載服官之初即訪詢舊志故家耆老僉云丁亥兵燹版籍盡燬即鄉士夫家亦無有收而藏之者數購之不得壬子冬奉　部檄徵邑志彙上史館修一統大志以繼隆古盛事伊徧搜閭閈僅得殘志二册蠹嚙之餘首尾殘缺乃掃雲鶴堂召邑諸生雅有文行者與之商確而屬筆焉蓋慶雖越東之蕞爾財賦不居充斥然語山川則有百丈之勝歸然犂坐爲神

仙舘宅可與天台地脉鼎峙寰中語人才則有先哲劉公殿試第一文章焱起且如少師吳公耿亮博雅爲中外表望陳大宗伯吳少司徒胡中銓諸公踵蹟朝端名喧九垓尤異者王黄門讀卷而識文信國古誼忠肝以得士賀可謂千春隻眼流光汗簡若夫寅仲弱冠通籍墨綬出宰忠勇捍國時發節概自許緋衣奉使君命不辱磊磊落落堪與諸邑君子並峙而爭雄使缺焉未備將來政事人才地理田土物産風俗何所徵考歟諸生咸韙伊言皆毅然以采輯舊聞爲任蒐羅故實而不沿

其謬廣摭輿論而不玆其見各以其事分類取式㕑選
之史而不溺其旨剪燈吮筆娓娓忘倦伊簿書之餘謬
司綜理不閲月而纂輯業竣爰付剞劂爲邑實錄以答
聖朝采風問俗之德意至於追琢章句衡鑒流品將以待後
之僑肸云

原序

訓導　戚光朝

慶邑建于趙宋隸梧爲末邑僻在萬山土瘠賦詘窮黎疾苦不及上聞長吏治行無由表見邑之志前所創脩湮沒無存所謂文獻不足二代罔徵雖藁爾杞宋孔子猶傷之也概自癸未迄今又屆三指天道以三十年爲世其間建置沿革吏治民生芳規懿行不可無紀歲壬子承　部檄徵邑志程侯富石渠之學揚如椽之筆開館編摩僅遴數人佐之而全書盡出侯手裁列體取義倣于古史不可增損一字有一登目而瞭然矣侯來慶

九霜蜚聲廉幹精鋭治理功德夐古士民聲歌共載其
恩茲舉且以再閱月而規千春之業其垂惠慶邑更悠
且久矣走也才媿典教幸得佩筆續貂聿觀厥成並宜
書

原序

邑人吳運光副貢

昔孟堅志地理後世宗之故寰宇中郡自爲紀邑自爲載皆命曰志卽裨官小史各以其耳目所經者筆而存之以徵信於當世邑之有志誠尚矣吾慶建自趙宋向未有志自明世沈公創之汪公繼之楊公又繼之雖標列成牒類皆猥冗而失倫舛訛而弗實適爲博古者所反唇耳歲甲辰邑侯程公以三楚名家握符涖兹土下車時見舊志殘缺文獻無徵遂殷然以搜羅纂輯是任矣嘻斯時也千家灶冷萬井煙寒鵠面鳩形嗸嗸道左

一若赤子待哺於慈母侯戴星出入爲之問苦問疾解衣推食之弗逮奚暇濡毫啜墨以爲纂修計也哉幸今瘡痍悉起不啻活枯骨而重肉矣爲思侯九載恩勤百廢具興黌宫無茂草城堞無復隍津河離褰裳之憂丁夫絶小東之歎且清丈而則壤定弁戸而賦稅均蘇鹽困而萆耗贈清棘木而勸種植其啐嗟而辨者皆數百年未習見之舉其取懷而予者皆數百年不世出之恩我慶之淪感於侯也豈有涯哉民功底定文教覃興適奉部文徵邑志侯曰此余夙志也今愜矣于是訪故

老搜遺編疑者闕之信者傳之斥陋而引新削繁而就
簡滌鄙陋而歸大雅匝月告成計卷有十山川之形勝
政事之因革風土之厚薄與夫理學文章忠孝廉節之
可傳者登目瞭然其立體取義悉侯獨出其手裁光雖
佩筆商訂無所贊其一辭也使吾慶他日縉紳先生與
夫騷人墨士覽斯志之明備因而思侯之功德則遺文
剩墨直可當峴山一石迸淚千古遡流風而揚盛烈端
可期于後之君子矣

原跋

邑人季　灴

壬子冬灴從諸生後趨程邑侯命課藝於育英庄論文之暇語及風物淳漓之變今昔得失之由斯人休戚之故深痛舊志淪亡亟思所以修輯之灴起對曰志不以言而以事若徒託之空言而不見諸行事則有志而無志苟已見諸行事不徒託之空言則無志而有志侯九載於斯政通人和百廢具興已具全志於一心珥筆裁斷即爲信史茲奉　部檄徵邑乘彙上　史館删定纂輯正其時也乃詣雲鶴堂召諸生與之商訂考據分卷

類編凡所紀載有綱領有節目斟酌於物情世態之間出入於造化古今之變彰往而察來鑑此而考彼曲盡乎治民事神之理周遊乎疆域形勝之大審時度勢引乎前而慮乎後悉其所舉而措之者也故其攷徵也確其序事也明其取舍也當可疑則闕可信則書旨遠而文言曲而中大矣哉班馬之流也灴獲與較讐討論識候之用心良苦有春秋之遺意社里由是而知其所損益焉風俗由是而知其所醇醨焉教化由是而知其所張弛焉人才知其何以忽盛而忽衰賦役知其何以或

裁而或留德功之報知其何以踵舉而不廢津梁也知其所利涉關隘也知其所扼要甲兵也知其所時閱於城郭而知其所增高於歆享而知其所告虔鹽有害而知其所以去刑苦繁而知其所以清以至撫時弔古知其修省而流連從此救偏補儆挽回作新穆然有餘思他若賢豪之挺生士女之懿美前脩之昭灼鼓舞可以進德一變可以至道則與彼都人士共之此侯之宣心力乘典章意也雖然此固一邑之掌故達之天下則無二道四海同文萬方一轍其間風氣雖有不齊而禮樂

刑政教化典常家戶盡然引而伸之益知其所立言皆
其所以立功見諸行事垂之著論於全志可以想見其
該博之學通方之才高遠之識洵無忝信史哉今付剞
劂杠復爲校閱辯亥豕而稍補不足猶之發型之紉助
以淬礪出璞之玉佐以追琢版章燦然樂觀厥成敢忘
固陋而書于簡末

程志序録附

前明沈汪楊三志刻本無存無從考識程志凡十卷康熙十一年知縣程維伊訓導戚光朝重修維時總其綱者副榜拔貢吳運光生員季灴分纂則貢生吳王賓生員葉作梅鮑二酉江南萃吳銓臣季熴劉作愷陳觀德周九如吳鏐葉珪葉嵩陳奇琨張寰樞吳康周卜功葉長秀周奇劉鼎傑一十九人志分十門一輿地其目爲分野沿革疆域形勝城池山川堰陂津梁市鎮街巷關隘營寨坑冶坊里風俗二建置其目爲秩統公署學宮

社學射圃鄉約所社稷壇山川風雲雷雨壇邑厲壇城
隍廟舖舍坊表亭閣莊臺塔養濟院漏澤園三食貨其
目爲戶口地畝稅額起運存留物産四官師其目爲知
縣縣丞主簿典史教諭訓導五治行其目爲官師列傳
六禮祀其目爲文廟壇壝羣祀寺觀七選舉其目爲進
士舉人歲選例貢辟舉武職援例恩廕貤封八人物其
目爲理學忠節名卿清正文學仕績孝友篤行義俠善
良貞節隱逸僑寓仙釋九藝文其目記二十二賦一序
一傳一十雜事其目爲災異古蹟邱墓計序三跋一

仙釋寺觀庵堂叢記十二藝文其目記序傳賦碑箴詩
茲刻特爲彙記仍從其舊以不沒前人之功業使後之
視今猶今之視昔也用綴數言謹紀其巔末

原序

知縣　關學優

縣必有志古昔無志而前人獨有以草創之固難志必重修歷久不修而將來欲有以補續之亦難慶小邑也建於宋代其志古前令沈君創之汪君楊君繼修之大都率從簡畧至康熙壬子程君分類編載亦由畧而漸詳矣然閱今百二十餘年其間事蹟湮沒幾於文獻無徵識者慮之己未夏予來治慶事甫下車竊皇皇然即以修志爲務因偕章癬山胡慕園兩廣文延集邑之紳士開館纂修輯爲一十二卷壬子以前不妄損亦不妄

增者從其舊也壬子以後不敢遺亦不敢濫者録其實
也書旣校定爰付剞劂庶幾傳諸將來而隨時補輯者
藉得前有所考亦後有所据也夫

原序

教諭　章觀嶽

竊以書有禹貢周禮有職方而後世之志書以興顧邑不可以無志志又不可久缺而不脩昔朱文公莅南康甫至郎問郡志君子謂其知所當務志不綦重乎哉慶元僻處萬山中郎古之巖邑也建於宋之寧宗四百一十二載從未有志至萬歷四年邑令沈君始搜家乘而草創之迨

本朝康熙壬子邑侯程維伊始分門别類綜覈紛紜博徵聞見使覽古者有所矜式考事者有所搜尋此固一時

之盛舉也無如歷久就湮湯燬殘缺梨棗所登已半飫
虫鼠之腹矣歲在己未仲夏邑侯關奉檄來宰是邑甫
下車輒以重修縣志爲急務殷殷致問商及於余暨雲
川慕園胡公余以百餘年未經修葺之事一旦得公爲
之倡事在一時功垂萬世其美舉孰有過於是耶于是
公乃延邑之紳士開局於縣署東偏廣徵見聞蒐討裒
輯以舊志爲本而參諸府志及隣邑志統之以綱繫之
以目首紀輿地次詳賦役稽學校之規制考建置之廢
興而且博採藝文蒐羅逸事共爲書一十二卷雖出於

諸賢之手而考訂增補實公一人之力居多焉是書成
俾讀者展卷披圖瞭如指掌而百餘年來其間仁人孝
子義夫節婦風化攸關者靡不搜羅罔缺以之發潛德
而燭幽光使後來者知所趨向豈不盛歟余雖忝在末
議事成之後不禁欣喜雀躍謂不負邑侯關公奮興之
意并不負諸賢任事之勞故樂得而爲之序云

原序

訓導　胡曾肇

粵東關公宰慶之次年奉　上檄纂修縣志擇邑之紳士秉筆草創而公總其成夫自龍門子長作書八章班孟堅因之爲志志之名蓋自此昉劉知幾史通云衆史諸志各自以爲工摧而論之多未得其最又云才識學三者世罕兼之猶愚賈操金不能殖貨巧匠無梗楠斧斤弗能成室甚矣作志之難也邑之有志凡山川形勝戸口賦役與夫壇壝祠廟橋梁關隘皆載之於編而最要者莫如忠孝節廉之事實文章政績之流傳載筆者

矢公矢慎無濫收無漏畧無徇愛憎庶可以信於今而
傳於後否則真贋雜揉欄牛圈鹿或妄廁其中而鳳璞
長埋魚胥莫剖若有鬼神將不福人吁可畏也且夫言
之無文行而不遠胸羅千百卷書造一詞立一意有純
粹而入矩無蹐駁而出規可以爲文矣徒以烟墨不言
供其驅染紙札無情任其揣裂自吟自賞可也出而問
世烏乎可今秉筆之士其採訪也公其纂輯也慎其遣
言也無鄙野之聲重以關公纘學宏深才長而識寄乘
傳書之暇以其神營腹笥考殿最而定去留筆走風𩙪

詞無旄纉元圃積夜光之玉齊廷擯濫吹之竽雖一邑之志詎可媲美佳史而不蹈劉氏之所譏矣余忝同修之任自以學殖荒散踧坐謝不敏間有黜竄等之季緒之瑣瑣耳書旣成不復藏其狂言爰綴數語以序之

原序

吴元棟

六經以外書之可以信今傳後者莫過於史而史之所以能信今傳後者尤莫先於邑志蓋邑志者郡志之權輿史家之嚆矢也秉筆者一有不實或文飾其辭或夸張其事由是而達之郡并達之朝以訛傳訛久久遂成實録豈得爲史家之厚幸哉予邑向未有志自明萬歷間沈公創之汪公繼之楊公又繼之至我
朝康熙壬子三楚程公復倣通志之例别類分門裒集成書其意蓋在速成或得此而失彼或搜近而遺遠識者

徵有恨焉已未仲春　憲檄來徵邑志欲以上晉　史
館纂成一統大志用以昭文明之治垂經世之模誠我
朝之盛典也顧前明三志經兵燹之後版已無存而程志
字跡叉漫漶不可讀壬子以後遺文軼事百二十餘年
未經採録將欲呈之　史舘而其道無由於是　闞公
漎慶之明年徵集各志謀諸學博擇邑中諸生有文行
者凡十餘人遍爲採訪而獨以謀野之事屬之於余嗟
乎僕之壯也猶不如人今老矣復何能爲且邑志之不
修未有疏於此時者也文殘獻佚兩無可徵未有甚於

此時者也　侯當飭索之暇乃惓惓於邑志之是謀又得韋胡兩廣文爲之左右參酌於其間兼三長之德何難建千秋之業若椽者蕪陋失學荒而且耄明不足以周萬物之理道不足以適天下之用智不足以發難顯之情亦惟是偕諸君子暨邑中之耆老者相與扶杖太息惟願須臾毋死以觀德化之成耳奚修云乎哉辭之不已而復爲例言非敢以是自相矜許實契我　侯之摭拾淵博抑以幸集腋成裘者之得自兩夫子也於是首稽封域終於藝文爲卷十二以備實錄至於政事文

章忠孝節義之屬隸在名門炳如日星覽者自可觀感
無待予言之贅縷矣是爲序

舊志序録附

前明志屢遭兵燹無從考載嗣後康熙壬子程志十卷凡主修總綱分纂各姓氏前志已備序録矣惟嘉慶辛酉主修知縣關學優同修教諭章觀嶽訓導胡曾肇葛覃暨纂修貢生吳元棟校修貢生吳公選余鈞生員季學勤葉邦勳周培陞王元衡繕修貢生余塏廪生吳鑾葉之苞增廣生吳啟甲一十一人志分十二門一封域其目爲分野沿革疆域形勝山川古蹟二建置其目爲城池秩統衙署市井街巷鋪舍鄉都倉廒坊表橋渡堰

陂亭閣賑恤三賦役其目爲土田額徵起運存留外賦
蠲卹四學校其目爲學宫位次祭器樂器舞器樂章宸
翰謨訓書籍名宦鄉賢學田書院義學射圃五禋祀其
目爲壇壝廟祠邱墓六武備其目關隘兵制紀事七風
土其目爲習尚歲時禮制坑治物産八官師其目爲知
縣縣丞主簿典史教諭訓導治行九選舉其目爲進士
舉人徵辟明經例貢附監援例武職貤封恩蔭耆介十
人物其目爲理學忠節名卿清正文學仕績孝友篤行
尙義善良隱逸僑寓方伎閨操十一雜事其目爲祥異

仙釋寺觀庵堂叢記十二藝文其目記序傳賦碑箴詩
茲刻特爲彙記仍從其舊以不沒前人之功業使後之
視今猶今之視昔也用綴數言謹紀其巔末